Zuhdi Al-Dahoodi

Die Kurden

Geschichte, Kultur und Überlebenskampf

W0408216

Zuhdi Al-Dahoodi

Die Kurden

Geschichte, Kultur und Überlebenskampf

Umschau Verlag Frankfurt am Main

Kath. öffentl. Bücherei
St. Canisius
Farnweg 5 · Telefon 714 18 37
8000 München 70
197
Ge 3.11
Daho
Ausgestellt

CIP-Titelaufnahme der Deutschen Bibliothek

Dahoodi, Zuhdi al-:
Die Kurden: Geschichte, Kultur u. Überlebenskampf / Zuhdi Al-Dahoodi. – Frankfurt am Main: Umschau-Verl., 1987
ISBN 3-524-69067-X

Unveränderter Nachdruck 1988

© 1987 Umschau Verlag Breidenstein GmbH, Frankfurt am Main

Alle Rechte der Verbreitung, auch durch Film, Funk, Fernsehen, fotomechanische Wiedergabe, Tonträger jeder Art, auszugsweisen Nachdruck oder Einspeicherung und Rückgewinnung in Datenverarbeitungsanlagen aller Art, sind vorbehalten.

Umschlaggestaltung: Manfred Sehring, Dreieich-Offenthal unter Verwendung eines Fotos von Hannes Reichmann

Gesamtherstellung: Brönners Druckerei Breidenstein GmbH, Frankfurt am Main

Printed in Germany

Inhalt

Vorbemerkung 7

I. Kurdistan und die Kurden 11

Die ewige, grausame Wahrheit 11 · Die Hoffnung der Legenden 12 · Ein Land ohne Karte 15 · Nur ein Kurde – nur ein Bergtürke 18 · Zahlen, hinter denen sich Politik verbirgt 20 · Von der Quelle zum Fluß – die geteilten Millionen 21 · Die Nachfahren Ali Beis 24 · Wer sind die Kurden heute 25 · Hinter den Bergen blieb die Zeit stehen 26 · Die Einheit von Maulesel und Mercedes 26 · Kurdistans Reichtum fließt in die Taschen der Fremden 28 · Das Paradies im Schatten 30 · Die drei wichtigsten Dinge 32

II. Der lange Weg zu den Karduchen 45

Nebenan die Wiege der Menschheit 45 · Raum der frühen Kulturen 46 · Von Dschinnen, Diwen und anderen 49 · Die Sumerer waren die ersten Zeugen 52 · Der Druck der Skythen 56 · Das Reich der Meder 57 · Die Bewohner der Berge 59 · Xenophon und die Karduchen 62

III. Von den Barbaren zu den ersten Fürstentümern 67

Alexanders Welten 67 · Gaugamela und keine Folgen 69 · Von den Diadochen zu den Parthern 72 · Unter den Sassaniden 74 · Der Kampf zwischen Ormuzd und Ahriman 76 · Unter dem Banner des Propheten 79 · Die Macht der Mawali 83 · Der Blutpreis der Hoffnung 86

IV. »Heilige« Kriege 89

Die Vorboten der Kurden 89 · Tod oder Bekehrung 90 · Saladin und die Kreuzzüge 93 · Hulagu und die mongolische Apokalypse 95 · Unter wechselnden Herrschern 96 · Die Schlacht von Tschaldyran 101 · Die Episode eines »Großkurdistan« 105

V. Das 20. Jahrhundert – immer wieder Hoffnung, immer wieder Blut 107

Der Sinn und Wert von Verträgen 107 · Das Blutjahr 1925 111 · Das Tauziehen um Mosul 121 · Ein Wolfsgesetz 123 · Das Zeitalter der Pakte 125 · Die Hoffnung von Sulaimania 128 · Die Tage der Republik 130 · General Barsani und die irakische Revolution 131 · Das Blut der anderen ist unser Blut 133 · Epilog 135

VI. Literatur und Sprache 139

Das »Chéref-Name« 139 · Exilkultur, kurdisch 141 · Mam und Sin 143 · Sprache als Paradoxon 146 · Sprache als Hoffnung 148 · Abenteuer in Sacho 150 · Literatur im Tageskampf 152 · Das literarische Spektrum 154 · Drei von Tausenden 157

VII. Zeittafel 163

VIII. Anhang 173

Bildnachweis 182

Literaturverzeichnis 183

Orts- und Sachregister 187

Vorbemerkung

Kurdistan und die Kurden – dieses Thema hat nie an Aktualität verloren, im Gegenteil: Wenn auch die Aufstände und Erhebungen in Kurdistan einer nach dem anderen im Blute erstickt wurden, so schwelte doch die Glut unter der Asche weiter, und trotz einer relativen Erstarrung erlebte der Beginn der sechziger Jahre einen neuen Aufschwung in der kurdischen Bewegung. Diesmal war es die Revolution in Irakisch-Kurdistan, die von 1961–1975 andauerte und von einem langen, nicht geradlinigen Weg gekennzeichnet war. Der damaligen Regierung im Irak gelang es schließlich, die Aufständischen einzukreisen und nach Verhandlungen mit dem Schah von Iran ihre bewaffneten Formationen zu zerschlagen, indem unter anderem die Fehler der Führung der Bewegung ausgenutzt wurden, was zum Ersticken dieser Bewegung und zur Verhinderung ihres Fortbestehens führte.

Trotzdem erwuchs die kurdische Bewegung, nachdem sie sich reorganisiert hatte, im Irak zu einer Massenkraft. 1976 wurden neben der »Demokratischen Partei Kurdistans«, die fast allein die nationale kurdische Bewegung im Irak geführt und die Lasten und Fehlschläge getragen hatte, eine Reihe neuer Parteien gegründet. Es entstanden die »Patriotische Union Kurdistans«, die »Sozialistische Partei Kurdistans/Irak« und die »Demokratische Volkspartei Kurdistans«.

Nach der großen nationalen Erhebung des iranischen Volkes, durch welche das korrupte und gefürchtete Schah-Regime gestürzt wurde, konnten die nationalen kurdischen Parteien und Organisationen, darunter die »Demokratische Partei Kurdistans/Iran«, ebenso wie die anderen nationalen, fortschrittlichen iranischen Parteien, ihre politische Massenarbeit anfangs wiederaufnehmen. Den neuen islamischen Machthabern wurde die friedliche demokratische Lösung des Kurdenproblems auf der Grundlage der Autonomie im Rahmen der Islamischen Republik Iran vorgetragen. Jedoch wurde bedauerlicherweise nichts davon verwirklicht, wodurch die Regierung in Teheran in eine bewaffnete Konfrontation mit der nationalen kurdischen Bewegung im Iran geriet. Damit wurde natürlich auch die iranische Revolution geschwächt. Es bestünde immer noch die Möglichkeit, dieses Problem durch die Gewährung der Autonomie im Rahmen der Islamischen Republik Iran zu lösen und die Potenzen des kurdischen Volkes zu nutzen, sollten die kurdischen Führer und ihre Anhängerschaft diese Lösung wünschen. In der Türkei konnte sich die nationale kurdische Bewegung nach der Niederschlagung des Aufstandes von Darsim (1937) trotz einer chauvinistischen Türkisierungspolitik und der Unterdrückung jeglicher Form der politischen Organisation – sowohl offen als auch illegal – von neuem erheben. Es entstanden nationale und fortschrittliche kurdische Parteien wie die »Sozialistische Partei Kurdistans«, die »Arbeiterpartei Kurdistans«, die »Partei Al-lai Ruz Kari« und die alte »Demokratische Partei Kurdistans« neben anderen politischen Organisationen unterschiedlicher Größe.

Die Programme dieser Parteien betonen sowohl die Forderung nach Demokratie für die Türkei als auch das Selbstbestimmungsrecht für das kurdische Volk des Landes und beinhalten den Kampf für Frieden und sozialen Fortschritt.

Der sinnlose Vernichtungskrieg zwischen Irak und Iran, welcher bis jetzt eine Million Menschenleben und 500 Milliarden Dollar auf beiden Seiten gekostet hat, ist – historisch gesehen – ein Ergebnis des nicht gelösten kurdischen Problems. Die Geschichte wiederholt sich, jedoch auf tragische Weise. Beide Seiten setzen in dem bereits sieben Jahre andauernden Krieg die kriegerischen Auseinandersetzungen, die seit dem 15. Jahrhundert zwischen den Türken und Persern um Kurdistan geführt werden, fort.

Der in eine Sackgasse geratene, oft vergessene Krieg kann gefährliche Überraschungen bringen, welche die gesamte Situation im Nahen Osten verändern würden. Im Zusammenhang mit den US-Waffenlieferungen an Iran, der Unzufriedenheit der Massen mit beiden Regierungen, den neuen Kräfteverhältnissen in Irakisch-Kurdistan (offene Zusammenarbeit der beiden kurdischen Parteien »Demokratische Partei Kurdistans« und »Patriotische Union Kurdistans« mit den iranischen Truppen), ist festzustellen, daß sich das Kräfteverhältnis zugunsten Irans verändert hat. Tatsächlich hat Iran kürzlich neue strategische Gebiete sowohl im Süden des Irak als auch in Irakisch-Kurdistan erobert.

Die Türkei hat dem Iran ein Zeichen gegeben, falls er weitere Gebiete Irakisch-Kurdistans erobere, werde die Türkei das Gebiet um Mosul besetzen. Damit würde Kurdistan noch einmal die Beute beider Staaten werden und seine Parteien wiederum zum Spielball. Der Kampf um Kurdistan ist also erneut entfacht.

Seit Jahrhunderten leiden die Kurden unter Mord, Deportation, Kerker, Folter, Hunger und Unterdrückung. Dies alles sind – im Sprachgebrauch der sogenannten hochzivilisierten Staaten – völkerrechtswidrige Maßnahmen.

Doch obwohl diese »Maßnahmen« auch in der Gegenwart traurige Realität sind, nimmt die Weltöffentlichkeit kaum Notiz davon, geschweige denn interveniert sie dagegen.

Daran haben die weltumspannenden Kommunikationsmittel und Medien keinen geringen Anteil; Kurdistan scheint nicht von öffentlichem Interesse zu sein. Aber hieße das nicht letztendlich, daß all die genannten Völkerrechtswidrigkeiten schon selbstverständlich zu unserem Alltag gehören?!

Mit der vorliegenden Publikation will und muß ich gegen diese Haltung ankämpfen, mit der Waffe der Vernunft und des Wortes. Ebensosehr hoffe ich, daß sie der Vernunft dient. Und der Solidarität mit meinem Volk.

In diesem Zusammenhang möchte ich Herrn Bruno Back und allen anderen Freunden, darunter Herrn Volkmar Röhrig, D. Barsani, I. Yasiri und J. Dabbag für das Zustandekommen des Buches danken.

Markkleeberg, im Oktober 1987 Zuhdi Al-Dahoodi

I. Kurdistan und die Kurden

Die ewige, grausame Wahrheit

»Aus den Tälern Kurdistans ist der Qualm brennender Dörfer und der Geruch von Strömen vergossenen Blutes zum Himmel gestiegen. Wir befinden uns in einem Land, in dem Leben, Freiheit und Eigentum mehr gefährdet sind als anderswo«, schrieb Karl May vor annähernd einhundert Jahren, nachzulesen in seinem Roman »Durchs wilde Kurdistan«.

Wie die meisten anderen Länder und Landschaften, die der sächsische Vielschreiber vom Provinzstädtchen Radebeul aus schilderte und in denen er seine verwegenen Helden gegen Schurken aller Couleur agieren ließ, hat Karl May Kurdistan nie bereist, hat nie am nächtlichen Lagerfeuer eines gastfreundlichen Kurdenscheichs gesessen, in den Händen das unvermeidliche Glas Tschai, den starken, süßen Tee, lächelnd gereicht von schönen und unverschleierten Frauen. Nie ist er durch eine der wildromantischen Schluchten geritten, begleitet von einer ausgesuchten Schar gutbewaffneter und furchtloser Reiter auf rassigen Pferden, hin zu dem für Fremde schier unerreichbaren Schlupfwinkel eines kurdischen Bergstammes.

Doch das Erstaunliche – folgt man der Reiseroute Kara ben Nemsis, seines Helden, von Mosul am Tigris durch das geschichtsträchtige Gebiet von Gaugamela bis hin zur uralten kurdischen Siedlung Amadijah, so ist Karl Mays Romanlandschaft wahrhaftig die Landschaft Kurdistans mit seinen Bergen und Tälern, seinen Städten und Dörfern, seinen Bewohnern. Und selbst die eingangs zitierten Sätze, niedergeschrieben vor hundert Jahren, sind so wahr, als wären sie gestern geschrieben – oder vor einem Jahrtausend. Denn dies ist die ebenso grausame wie ewige Wahrheit:

Nie hat dieses Land, dieses Volk ohne Staat seinen Frieden gehabt. Von den Einfällen der räuberischen Skythen aus den kaukasischen Steppen um 700 v. Chr. über die Feldzüge Alexanders des Großen, später die Anstürme der Mongolenhorden, die Jahrhunderte währende Machtexpansion des Osmanischen Reiches, die Überfälle der Perser bis hin zur verhängnisvollen Kolonialpolitik Englands nach dem Ersten Weltkrieg und die bis in die Gegenwart reichenden Vernichtungsfeldzüge der Türkei, Irans und Iraks – immer haben kurdische Dörfer gebrannt und Ströme von Blut sind geflossen.

Sogar dann, wenn dieses Land und seine Bewohner nicht Ziel einer Aggression, einer Strafexpedition oder Ausbeutung waren – die gesamte Palette der Möglichkeiten, ein Volk in Unfreiheit zu bringen oder zu halten, ist hier exerziert worden – selbst dann hat es leiden müssen. Als der persische Kronprätendent Kyros im Jahre 401 v. Chr. mit 10 000 griechischen Söldnern gegen seinen königlichen Bruder nach Babylon marschierte, führte sie ihr Rückzug von Süden her durch kurdisches Gebiet, dann kamen die Araber oder Türken von Westen, aus dem Norden die Russen und von Osten her jagte die »Goldene Horde« der Mongolen über Kurdistan hinweg. Aus allen Himmelsrichtungen und zu allen Zeiten durchzogen fremde Heere raubend und plündernd das Land; wann immer sich die großen Mächte dieser Region gewaltige Schlachten oder auch nur Grenzstreitigkeiten lieferten, stets geschah das auf dem Rücken des kurdischen Volkes. Und seit Jahren und gerade wieder geschieht dies in einem der erbarmungslosesten und blutigsten Kriege der Gegenwart, im Golfkrieg zwischen Iran und Irak.

Auch die vage Hoffnung oder taktische Berechnung kurdischer Fürsten und Stammesführer, Partei in den Kämpfen zu ergreifen zum Nutzen der Nation, was immer auch hieß, zur Erlangung eines eigenen Staats- oder Stammesgebietes oder wenigstens nur autonomer Rechte – immer sahen sich die Kurden am Ende belogen, betrogen und wiederum unter fremder Herrschaft. Wen mag es da angesichts dieser Bitterkeit durch Jahrhunderte bestätigter Erfahrungen noch wundern, daß eines der ältesten kurdischen Sprichworte lautet: *Kurd haweni nia* – »Die Kurden haben keine Schirmherren«.

Die Hoffnung der Legenden

Nie jedoch hat dieses Volk die Hoffnung auf Freiheit verloren. Immer und immer wieder sind entschlossene Männer aufgestanden, ganze Stämme und Stammesverbände, haben zur Waffe gegriffen und gekämpft. Kaum ein anderes Volk der Erde kann eine ähnliche Geschichte aufweisen, eine derartige ununterbrochene Tradition zahlloser Aufstände, doch ebenso zahlloser Niederlagen. So gibt es nicht wenige Legenden und Sagen, in denen von Erhebungen die Rede ist, von heroischen Waffengängen oder kühnen Partisanenaktionen. Vom Volke ausgehend, sind sie tief im Bewußtsein der Kurden verwurzelt. Am Hofe Chéref Khans, des Fürsten von Bitlis, der

Ende des 16. Jahrhunderts das berühmte *Chéref-Name* (Pracht der kurdischen Nation), den ersten, vollständigen Überblick über die kurdische Geschichte schrieb, sind diese Legenden erzählt worden. Ehmede Khani, der Dichter und Philosoph, webte sie in sein Heldengedicht *Mam-o-Sin* (1695), und die Guerilla-Kämpfer am Gali Ali Beg ermutigten sich im Juni 1963 vor den Angriffen der irakischen Armee und den Bombardements der syrischen Luftwaffe mit Geschichten und Legenden vom Sieg. Die Vorväter haben sie erzählt, die Väter wiederum ihren Kindern und so fort, bis auf den heutigen Tag. An diesen Legenden haben sie sich in den Zeiten tiefster Not und schmachvollster Unterdrückung aufgerichtet, aus ihnen erwuchsen die nicht selten leichtfertigen Träume von künftigen Siegen und das manchmal allzuschnelle Vergessen von Niederlagen und deren Ursachen. Legenden nährten all ihre Hoffnungen und nähren sie auch noch heute.

Hatten in der Vergangenheit die Namen von Sultan Saladin und Scheich Said den mythischen Klang sagenumwobener, heroischer Volks- und Nationalhelden, so ist der 1979 im amerikanischen Exil verstorbene General Mulla Mustafa Barsani, der »Löwe von Barsan«, schon zu Lebzeiten eine Legende gewesen, und die Geschichten, die sich die Bauern und Hirten des Barsan-Gebietes an der irakisch-türkischen Grenze heute über die Taten dieses bedeutendsten politischen und militärischen Führers der Kurden erzählen, mögen nicht weniger von stolzer Entschlossenheit künden als manche Textstelle des mittelalterlichen *Kawl-i Hasp-i Rash* (Die Worte des schwarzen Streitrosses des Propheten).

Vergangenheit verknüpft sich mit Gegenwart, Wirklichkeit mischt sich mit Möglichkeit, Dichtung wird Wahrheit und umgekehrt. So steht am Ende der Sieg. Oder die Hoffnung auf ihn.

»Schahrijar, ich bin Kawe, der Schmied, und schreie nach Gerechtigkeit« steht es im *Schah-Name* geschrieben, dem »Königsbuch« des persischen Dichters Firdausi, und damit beginnt die bekannteste Sage oder Legende der Kurden, wohl eine der schönsten, aber auch der tragischsten: Der grausame Schah Sohak stand mit bösen Geistern im Bunde und aus seinen Schultern wuchsen zwei blutgierige Schlangen, denen täglich das Hirn zweier Kinder zum Fraß vorgeworfen werden mußte. Sechzehn Söhne waren Kawe, dem Schmied, auf diese Weise schon genommen worden und dem unmenschlichen Schah zum Opfer gefallen. Nun da die Häscher ihm den siebzehnten und letzten nehmen wollten, erhob sich Kawe, band seine Lederschürze als Fahne an eine Stange, nahm den Schmiedehammer und zog an der Spitze des aufgebrachten Volkes gegen den schlangenschultrigen Schah. Mit ihm zog Faridun aus dem Königsgeschlecht der Kayaniden, und als der Königspalast gestürmt war, fesselte Faridun den Schah,

schleppte ihn zum Berg Demawend und schmiedete ihn in einer Felshöhle an den Stein. Und das befreite Volk jubelte Faridun zu als dem Befreier und hieß ihn den neuen Herrscher. So Firdausi.

Kurdische Sagen schweigen über Faridun und lassen Kawe den Königspalast erstürmen und eigenhändig mit dem Schmiedehammer Schah Sohak erschlagen. Auch schwanken die Angaben betreffs der Anzahl der Söhne Kawes. Und wenn Firdausi den Schah bis nach Jerusalem fliehen läßt, bleiben in den kurdischen Überlieferungen die Ereignisse immer auf den eigenen Siedlungsraum beschränkt. Mehr noch – sogar ein Datum haben die kurdischen Legenden zur Hand: den 21. März 612 v. Chr.

Eben in diesem Jahr eroberten die Meder die Stadt Ninive am Fuße der kurdischen Berge und setzten mit der Zerstörung der Hauptstadt der assyrischen Herrschaft ein Ende. Und da die Kurden die Nachkommen der Meder seien, wäre Kawe, der Schmied, eindeutig der Anführer dieser Erhebung . . .

Daß damit gleichzeitig ein lokaler wie zeitlicher Grundstein der kurdischen Nation fixiert wird, stellt sich im Selbstverständnis der Kurden eben als selbstverständlich dar. Und nur ein Nicht-Kurde könnte hinterfragen, weshalb der 21. März alljährlich als *Newroz,* als Nationalfeiertag begangen wird. In Kurdistan, aber auch im Exil, feiert das Volk diesen Tag mit Festen, zu denen man sich gut kleidet, die Frauen ihren besten Schmuck anlegen, es wird gesungen, getanzt und gut gespeist. Und die Feuer, die auf den zahlreichen Gipfeln in die Nacht hineinleuchten, mögen manchen europäischen Gast an die Frühlings- und Osterbräuche heimatlicher Gegenden erinnern. Für die Kurden jedoch haben sie auch eine nationalpolitische Bedeutung – sie dokumentieren mit diesem Brauchtum ihre Eigenständigkeit und unterscheiden sich damit eindeutig von den Arabern und Türken. Daß vor allem letztere sogar mit Polizeigewalt gegen diese Feiern vorgehen, ist nur eine Form der permanenten Unterdrückung der Nation. Und wenn man sich an deutsche Pressemeldungen des 21. März 1987 erinnert, als in München kurdische Studenten und Exilanten ihr »Newroz«-Fest feierten, das durch Überfälle und Ausschreitungen türkischer Extremisten ein trauriges Ende fand, so wird einem bewußt, daß der immer noch währende Kampf um ein souveränes Kurdistan einerseits und die brutale Niederhaltung dieser Hoffnung andererseits mit allen Mitteln und über alle Ländergrenzen hinaus geführt wird.

Geschichte ist weder vergangen noch vergessen. Hier wie nirgendwo wird dieser Satz trauriger Alltag. Und nach wie vor verknüpft sich Vergangenheit mit Gegenwart und Dichtung mit Wahrheit. So ist die Geschichte von Kawe, dem Schmied, fest verwurzelt im nationalen Selbstbewußtsein.

Sie steht am Anfang einer Jahrhunderte und immer noch währenden Geschichte von Aufständen und Kämpfen, von brennenden Dörfern und Strömen von Blut; einer legendenreichen Geschichte und einer nie versiegenden Hoffnung. Kawe lebt, sagen die Kurden, und immer wieder wird er auferstehen. Daß er nun nicht mehr zum Schmiedehammer greift, sondern zur automatischen Maschinenpistole – was ist das für ein Unterschied?

Ein Land ohne Karte

Die Landkarte Kurdistans zu beschreiben, gar Grenzen festzulegen, bedeutet ein äußerst schwieriges Unterfangen, dessen Ergebnis nicht nur umstritten sein wird, sondern vielmehr, zieht man die verschiedensten Interessen in dieser Frage zu Rate, jeweils eindeutig bestritten wird. Keine politische Karte des Gebietes zwischen Mittelmeer und Kaspischem Meer, zwischen Schwarzem Meer und dem Persischen Golf verzeichnet eine territoriale Einheit »Kurdistan«.

Vor allem drei Positionen kristallisieren sich heraus. Nimmt man die offiziellen Haltungen der Türkei, Irans, Iraks und Syriens, die sich zwar in Detailfragen betreffs kurdischer Nationalität und autonomer Rechte unterscheiden, so sind diese Staaten sich in einem Punkt vollkommen einig: Die Rechtmäßigkeit eines souveränen Staates Kurdistan existiert nicht.

Interpretiert man in dieser Frage die Position kurdischer Nationalisten, die von einem historisch gewachsenen Siedlungsraum ausgehen, so ergibt sich dagegen ein riesiges Territorium, das im Südosten an den Persischen Golf stößt, im Osten auf dem Gebiet des Iran sich über Hamadan und den Rezaiyeh-See fortsetzt, armenisches Gebiet in der UdSSR einschließt und im Norden sogar Tiflis (Tiblissi) erreicht, von dort westlich auf dem Gebiet der Türkei parallel zur Schwarzmeerküste führt bis auf weniger als 400 Kilometer an die türkische Hauptstadt Ankara heran und in der südwestlichen Ausdehnung das Mittelmeer erreicht. Die Südwestgrenze streift Syrien, läuft über Mosul im Irak und zieht sich, wenige hundert Kilometer von Bagdad entfernt, wiederum bis zum Golf. Ein Territorium, das in der Form mit Italien vergleichbar, doch mehrfach so groß wie dieses ist.

Die dritte Möglichkeit, die gegenwärtige Landkarte Kurdistans zu beschreiben, geht von dem Gebiet aus, in dem die Kurden zweifellos die überwiegende Mehrheit der Bevölkerung seit frühester Zeit bilden und die deshalb zum realistischen Ansatz einer entsprechenden Darstellung genommen werden kann. Demnach liegt Kurdistan zwischen dem 34. und 40. Grad nördlicher Breite und dem 38. und 48. Grad östlicher Länge. Von

Das kurdische Siedlungsgebiet heute

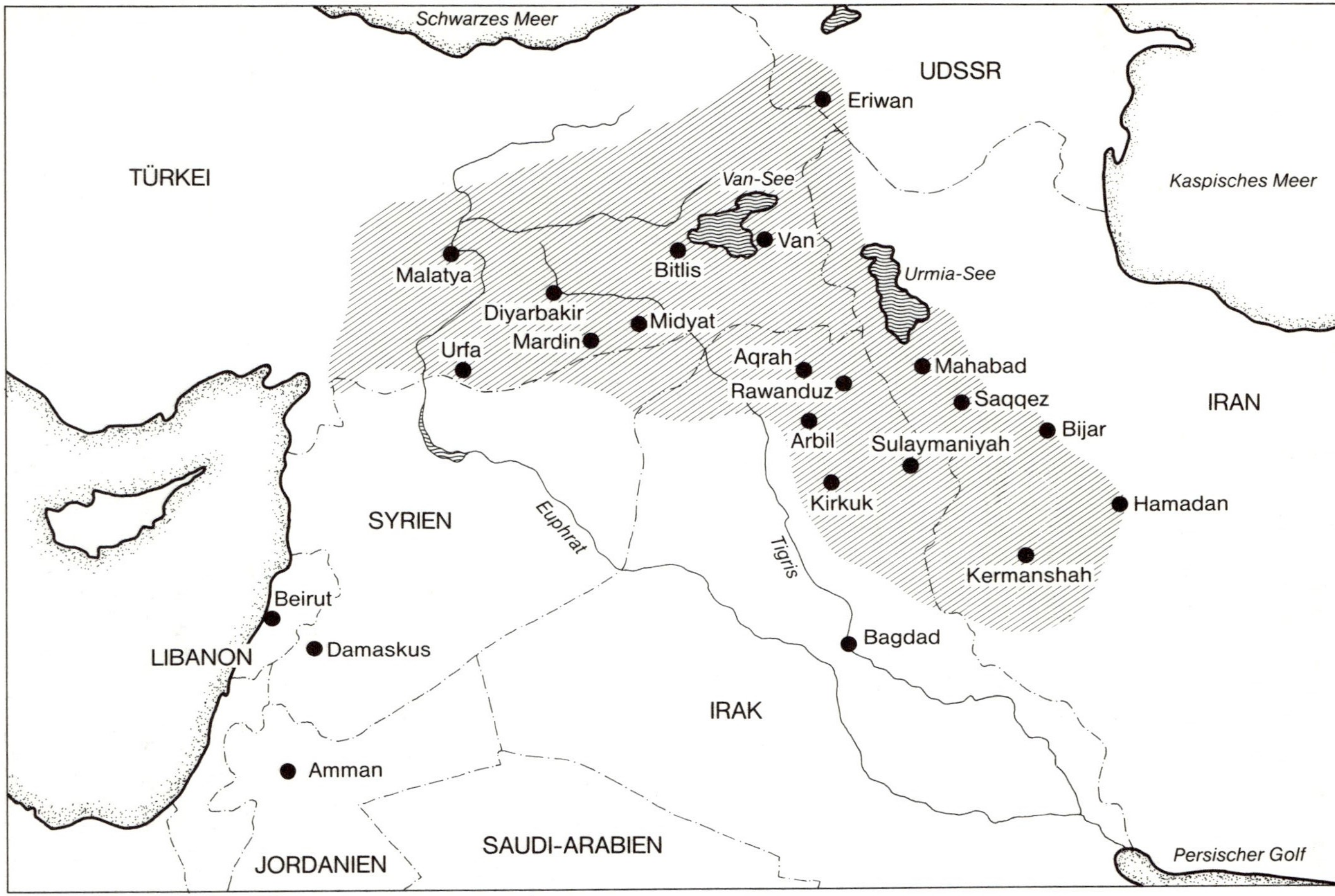

Osten nach Westen erstreckt es sich über mehr als 2 000 Kilometer, während die Nord-Süd-Ausdehnung zwischen 300 und 500 Kilometern schwankt. Dieses Gebiet beginnt im Westen auf dem Territorium der Türkei etwa bei Iskanderun und den Ketten des Antitaurus, wird nördlich durch den über 5 000 Meter hohen Ararat begrenzt, reicht auf iranischem Gebiet bis zu den südlichen Ausläufern des Zagros-Gebirges, folgt östlich der Zagros-Gebirgs-Kette bogenförmig im Irak bis zur Stadt Mosul und tangiert in Syrien die syrisch-türkische Grenze. Ein Territorium von mehr als 530 000 Quadratkilometern, größer als sechs lateinamerikanische Staaten zusammengenommen (Guatemala, Honduras, Kuba, Nicaragua, El Salvador und Jamaika) und zweimal so groß wie die Bundesrepublik Deutschland!

Doch eben auch ein Territorium, das allein 30% der Türkei einnimmt und 125 000 Quadratkilometer iranischen beziehungsweise etwa 70 000 irakischen Staatsgebietes, die durch arabische Siedlungsgebiete unterbrochenen Hoheitsgebiete der Kurden in Syrien und die kaum nennenswerte Ausdehnung auf dem Gebiet der UdSSR nicht hinzugerechnet.

Allein diese nüchternen Zahlen und die Veranschaulichung der Tatsache, daß vier Staaten – Türkei, Iran, Irak und zum Teil auch Syrien – sich kollektiv in dieses kurdische Territorium geteilt haben und ebenso einig sind in der Ablehnung und Bekämpfung eines kurdischen Nationalstaates, gleich auf wessen Gebiet dieser vier Mächte, belegen das sogenannte »kurdische Problem«. Stünde jedoch dieser unrühmlichen Allianz ein einiges, nicht in Stammesinteressen oder parteipolitisch dutzendfach gespaltenes nationales kurdisches Interesse gegenüber, würde dies unbezwingbar sein.

So aber lodern seit Jahrzehnten lokale Erhebungen auf, und immer wieder benutzen die Nachbarmächte den »kurdischen Traum von einer Nation« als Spielball ihrer Interessen. Wie schwierig dieses Problem zu lösen ist, wissen die Kurden seit Jahrhunderten am besten; wie notwendig es gelöst werden müßte – nicht zuletzt für den Frieden dieser ganzen Region – zeigt ein einziger Blick auf die Landkarte.

Nur ein Kurde – nur ein Bergtürke

Graf Helmuth Karl Bernhard von Moltke, der später als preußischer Generalfeldmarschall und berühmter Stratege in die deutsche Geschichte eingehen sollte, war – was kaum bekannt ist – einer der wenigen Kurdistan-Kenner in der ersten Hälfte des 19. Jahrhunderts. In seinen *Briefen über die Zustände und Begebenheiten in der Türkei aus den Jahren 1835–1839* finden sich nicht wenige Schilderungen über das kurdische Bergland, seine ursprüngliche Schönheit und wilde Romantik, die der damals Mittdreißigjährige als preußischer Militärberater des türkischen Sultans kennenlernte. In dieser Funktion war er der osmanischen Taurus-Armee zukommandiert, die im westlichen Türkisch-Kurdistan stand.

Was er jedoch hier sah und niederschrieb, hat wenig mit der Faszination erlebter Bergwelt zu tun, so daß er am Ende konstatieren mußte, daß »die Regierung sich die Gemüter dieses Volkes immer mehr entfremdet«.

Nicht nur, daß die kurdische Region um Karput und Diyarbakir das fast 50 000 Mann starke Heer zu verpflegen und unterzubringen hatte, was auf die einfachste und brutalste Weise geschah, nämlich mittels Raub und Beschlagnahme von Lebensmitteln und Vertreibung aus den Quartieren, einschließlich der für Kurden schmachvollen Requirierung der Pferde, auch ein großer Teil der Soldaten wurde aus der Bevölkerung rekrutiert. Diese Rekrutierung aber glich, wie er in einem der Briefe schreibt, wahren »Sklavenjagden«.

Doch damit nicht genug. Moltke berichtet an anderer Stelle, daß er einmal einen Arzt rief, um einen Schwerverletzten versorgen zu lassen. Der Arzt kam, sah den Mann und sagte verständnislos: »Er ist ja ein Kurde«.

Wäre Graf Moltke heute in die Türkei gekommen, wäre ihm dies nicht passiert. Damit ist nicht etwa gemeint, daß die Strafexpeditionen der türkischen Paschas gegen die Kurdenstämme zur Zeit Moltkes der Vergangenheit angehörten. Diese Zustände haben sich keinesfalls geändert, die Grausamkeiten haben ihre ungebrochene Fortsetzung gefunden.

Nur eine Nuance hat sich geändert, eine scheinbar winzige, doch höchst bedeutungsvolle, die zwar keine physische, jedoch eine psychische Grausamkeit – eine von unzähligen – darstellt.

Moltkes Arzt, der verächtlich gesagt hatte »Er ist ja ein Kurde« hätte heutigen Tages und nicht weniger verächtlich mit den Worten »Er ist ja nur ein Bergtürke« die Behandlung verweigert (1977, nach den furchtbaren Erdbeben in dieser Region, kursierte in der Türkei der Slogan »Laßt die Leute doch sterben – es sind ja nur Bergtürken«, mit dem man die Überlebenden ihrem Schicksal überließ.).

Im offiziellen Sprachgebrauch der Türkei existiert das Wort »Kurde« nicht, es ist regelrecht verboten. Wer sich als solcher bezeichnet, macht sich strafbar und setzt sich Repressalien und Verfolgung – über das »übliche« Maß hinaus – aus. Allein von 1971–1973 sprach das Kriegsgericht von Diyarbakir – jener Stadt, in der Graf Moltke rund 140 Jahre zuvor die Verfolgung der Kurden erlebte – mehr als tausend Urteile gegen sogenannte »Separatisten« aus.

Die Türkei hat – zumindest administrativ – ihr sogenanntes kurdisches Problem gelöst. Es gibt keine Kurden mehr, es gibt nur noch »Bergtürken«. Ebensowenig gibt es »Kurdistan«, türkische Kartographen ersetzen es durch »Ostanatolien«, beziehungsweise bezeichnen die betreffenden Gebiete außerhalb der Türkei als »Nordirak« und »Westiran«.

Ebensowenig wird die kurdische Sprache in den Schulen gelehrt (die Sprache, die von einem Viertel der türkischen Bevölkerung gesprochen wird!), noch ist sie im gesellschaftlichen Leben, in der Verwaltung und Justiz beispielsweise, zugelassen. Veröffentlichungen in kurdischer Sprache, Druckerzeugnisse, Schallplatten und ähnliches, existieren nicht, sogar deren Einfuhr ist unter Strafe gestellt.

Aus den Bibliotheken ist die traditionsreiche kurdische Geschichte und Kultur entfernt worden, kurdische Denkmäler und Bauten aus den Zeiten unabhängiger Fürstentümer wurden zerstört, wie beispielsweise das berühmte Birca Belek, der »bemalte Palast«, der von den Bedirkhaniden in Djezira Botan am Ufer des Tigris gebaut worden war und an dessen Stelle eine Kaserne gestellt wurde. Ebenfalls sind jegliche historischen oder soziologischen Untersuchungen über die kurdische Gesellschaft verboten. Statt dessen erarbeitete die Türkei eine Theorie, die den türkischen Ursprung der Kurden zu beweisen versucht. Danach stammen sie – wie alle anderen Türken – von den »grauen Wölfen der Steppen Zentralasiens« ab, und in den Schulen wird den Kindern gelehrt, daß sie in Vorzeiten nur die türkische Sprache »vergessen« hätten.

So sind die Kurden Fremde im eigenen Land, mehr noch – was ihnen seit Jahrhunderten Heimat war, wird ihnen nun endgültig genommen. Die Türken nehmen ihnen ihre Geschichte, ihre Kultur, denn – und davon gehen sie aus – wer keine Vergangenheit hat, hat weder Gegenwart noch Zukunft.

Daß sie mit der Bezeichnung »Bergtürke« einer ganzen Nation ihre Identität rauben wollen, ist nur ein Glied in der Kette der Unterdrückungen. Und daß sie damit – und hier hat sich seit Graf Moltkes Zeiten nichts geändert – nach wie vor Menschen zweiter Klasse meinen, liegt auf der Hand.

Zahlen, hinter denen sich Politik verbirgt

Angesichts dieser Praktiken bereiten Zahlenangaben zur kurdischen Bevölkerung nicht weniger Schwierigkeiten als territoriale Festlegungen. Dabei ist es nicht so sehr das Problem, daß dieses Volk sich über mehrere Länder verteilt, als vielmehr die Tatsache, daß diese Länder entweder keine oder nur ungenaue Zahlen veröffentlichen, die darüber hinaus nicht überprüft werden können.

Kendal (ein kurdischer Schriftsteller, der aus politischen Gründen unter diesem Pseudonym veröffentlicht) erhielt in türkischen Elendsvierteln auf die Frage nach deren Muttersprache von den Bewohnern, die kein einziges Wort Türkisch sprachen, die vieldeutige Antwort: »Ich bitte dich, schreib lieber ›türkisch‹, das macht uns weniger Kummer.« Aus dieser Aussage spricht eindeutig Angst. Angst vor Repressalien, die kein Einzelfall sind und die sich natürlich auch in den Statistiken – beispielsweise Volkszählungen niederschlägt. Hinzu kommen, um noch ein weiteres Beispiel ganz öffentlicher Manipulation anzuführen, Deportationen der kurdischen Bevölkerung aus ihren angestammten Siedlungsgebieten. Ein »beliebtes« Mittel der Türkei, die Grenzgebiete »kurdenfrei« zu machen, war es, ganze Landstriche zu »säubern«, indem man die Bevölkerung zwangsweise in der Westtürkei ansiedelte, in ihren ehemaligen Gebieten riesige Staatsgüter anlegte und türkische Arbeiter herbeiholte. So erging es auch den Kurden der Bergdörfer der Hakkari-Region im Herbst 1982, die fast vollständig deportiert wurden. Diese Deportierten sind – ebenso wie kurdische Rekruten der Armee, die fast ausschließlich an den rein türkischen Mittel- oder Schwarzmeerküsten stationiert werden – erstens isoliert und zweitens in dieser Isolation einem extremen »Türkendruck« ausgesetzt.

In diesem Kontext müssen folglich die offiziellen Angaben der Türkei gelesen werden, die in der Regel ungenaue Daten zur kurdischen Bevölkerung enthalten. Inwieweit die entsprechenden staatlichen Behörden darüber hinaus – und unter dem wohlwollenden Blick der Regierung – manipulieren, ist angesichts der Realitäten leicht vorstellbar.

Wenig anders sieht die Situation in Iranisch-Kurdistan aus. Bisher hat die iranische Regierung, die übrigens analog der Verfahrensweise in der Türkei die Kurden als »reine Iraner« bezeichnet, keinerlei Veröffentlichung zur nationalen Zusammensetzung der Bevölkerung zugelassen. Und für den Irak und Syrien diesbezügliches Zahlenmaterial auf der Grundlage der offiziellen Daten zu erstellen, ist keinesfalls einfacher.

So ergibt sich wiederum die Situation, daß auf der einen Seite, nämlich der der jeweiligen Staaten, äußerst fragwürdige, weil sehr untertriebene

Zahlenangaben stehen, während extrem nationalistische Kreise der Kurden von Zahlen ausgehen, die unrealistisch, weil überhöht sind. (Betrachtet man allein Türkisch-Kurdistan, so schwankt zwischen diesen beiden Positionen die Zahl der dort lebenden Kurden um 4 bis 5 Millionen!)

Wie auch immer dieses Zahlenspiel mit der kurdischen Bevölkerung gehandhabt wird, immer stehen eindeutige politische Interessen und Absichten dahinter. Und während die einen ausschließlich von Minderheiten oder Teilen des eigenen Volkes reden, um deren Stellenwert herunterzuspielen, übersteigern die anderen die kurdische Position. Somit liefern sich beide gegenseitig Motivationen ihres Handelns – nach jeder Erhebung Unterdrückung, nach jeder Strafexpedition ein Aufstand.

Die Hilflosigkeit der Ethnographen dabei ist weder das Problem dieser Vier-Staaten-Allianz noch der kurdisch-nationalen Extremisten.

Von der Quelle zum Fluß – die geteilten Millionen

»Auch die kleinsten Quellen werden ein Fluß«, besagt ein altes kurdisches Sprichwort.

Sprichworte haben neben dem Anspruch einer gewissen Allgemeingültigkeit, einer komprimierten Weis- oder Wahrheit ab und an Bezüglichkeiten zu politischen oder gesellschaftlichen Tatsachen und Vorgängen.

Kurdische Sprichworte sind oftmals sogar unverständlich ohne den realen (politischen) Bezug. Und selbst wenn ein solcher beim Entstehen des einen oder anderen Anspruchs nicht Pate gestanden hat, hat ihm früher oder später eine historische Erfahrung die entsprechende Interpretation beigegeben.

Mit den kurdischen Sprichworten verhält es sich wie mit den Tierfabeln Krylows oder Lessings – es sind Metaphern.

Die Aussprüche der Kurden sind voll von Waffen und Kampf, von Wolf, Schakal und anderen Tieren; und selbst wo die Natur alleiniger Gegenstand ist, ist mehrdeutige Interpretation meist angebracht.

Wenn nachts am Lagerfeuer die Schafhirten sitzen, und einer sagt in das Schweigen der Nacht und das Prasseln der Scheite »In jedem Tal ist ein Schakal zu finden«, und die anderen nicken, so kommen auch Erinnerungen und Geschichten herauf, in denen von Verrat die Rede ist oder von Feigheit.

»Auch die kleinsten Quellen werden ein Fluß« – das ist nicht nur sinnbildliche Konkretisierung eines Naturvorganges. Das ist auch die historische Gewißheit eines Erstarkens oder die Zuversicht der Durchsetzung von

Wahrheit. Sicher, dieser Naturvorgang spielt sich überall auf dieser Erde ab. Doch wenn ein Mulla diesen Satz sagt, und im nächsten über die Gemeinschaft seines Volkes nachdenkt, so erhält er ganz unverwechselbare Dimensionen.

Glücklicherweise muß man keinen Mulla befragen. Und obwohl offiziellen Angaben – aus angeführten Gründen – nur teilweise zu trauen ist, liegen doch Schätzungen zur Bevölkerungszahl der Kurden vor, die unter anderem von der »Gesellschaft für bedrohte Völker« (GfbV, 1970 gegründet) und »amnesty international« bestätigt werden.

Demnach zählt das kurdische Volk über 20 Millionen Menschen. Davon leben etwa 10 Millionen in Nordkurdistan (Türkisch-Kurdistan), 7 Millionen in Ost-Kurdistan (Iranisch-Kurdistan) und circa eine halbe Million in Südwestkurdistan (Syrien). Obwohl auf vier Staatengebilde verteilt, leben die Kurden in einem geschlossenen Territorium. Ein Volk, das in der Bevölkerungstabelle des Nahen und Mittleren Ostens nach Arabern und Türken den dritten Platz einnimmt, dem nach wie vor jegliches Recht auf eine eigene, nationale Existenz abgesprochen wird und dem in dreien dieser vier Staaten – das sei der Eindringlichkeit wegen wiederholt – nämlich in der Türkei, im Iran und in Syrien – die elementarsten Rechte verweigert werden.

Darüber hinaus lebt seit altersher eine beträchtliche Zahl von Kurden außerhalb Kurdistans. 320 000 beispielsweise in der Sowjetunion, in den Republiken Armenien, Aserbaidshan, Turkmenien, Kirgisien und Kasachstan. Dort leben sie in Gebieten, die nicht direkt an Kurdistan grenzen und in denen sie auch nur ethnische Minderheiten bilden, die sich vor allem nach Auswanderungen, die bis in das 20. Jahrhundert hineinreichen, ansiedelten. Erwähnenswert ist jedoch die Tatsache, daß diese Kurden einen geachteten Platz einnehmen, einbezogen sind in das politische und gesellschaftliche Leben, eigene Schulen haben sowie kurdische Verlage und Zeitschriften existieren. Unter diesen Umständen und auch infolge der territorialen Streuung der Kurden gibt es gegenwärtig keine nennenswerten Autonomiebestrebungen, im Gegenteil, ein Assimilierungsprozeß innerhalb der letzten Jahre läßt sich beobachten, der jedoch keinerlei Bezüge zu jenem bereits erwähnten zwangsweisen Assimilierungsprozeß in Kurdistan hat. Weitere kurdische Minderheiten existieren im Libanon, in Afghanistan, China und Indien, die jedoch zahlenmäßig insgesamt wenig Bedeutung haben.

Leider gibt es keine Angaben über Bürger kurdischer Nationalität, die aus Exil- oder anderen Gründen das Land verlassen haben. Der einzig gesicherte Fakt liegt für die Bundesrepublik Deutschland vor, wo unter ande-

Das Grabmal eines Scheichs in der Nähe des Jesididorfes Bahasani (Darstellung, Mitte des 19. Jahrhunderts)

rem 300 000 Kurden als sogenannte »Gastarbeiter« registriert sind. Aber das ist nur ein weiteres trauriges Kapitel kurdischer Geschichte.

Die Nachfahren Ali Beis

Seit Karl Mays »Durchs wilde Kurdistan«, der sein so erstaunlich tiefgründiges Wissen übrigens den Aufzeichnungen des Briten Henry Layard verdankt, der im Auftrag der Ostindischen Compagnie 1839 bis 1845 – teils incognito – Kurdistan ausführlich bereiste, fast »nebenbei« die alte assyrische Hauptstadt Ninive wiederentdeckte und mühevoll ausgrub, seit Karl May ist das europäische, vornehmlich das deutsche Bewußtsein über Land und Leute entscheidend geprägt.

Seit fast einem Jahrhundert besteht es so aus hohen, dicht bewaldeten Bergen und reißenden Flüssen, unzugänglichen Tälern und fruchtbaren Ebenen. Und durch unzählige Jugenderinnerungen mehrerer Generationen reiten Männer mit von Wind und Wetter gezeichneten Gesichtern, schmalen Bärten und glühenden Augen, kreuzweise die Patronengurte vor der Brust und zu allem entschlossen. Stammeskämpfe, Raubzüge und Blutrache, die Feuer der Jesidi, der Teufelsanbeter und schöne, unverschleierte Frauen in ihrem Goldschmuck, Scharen barfüßiger Kinder und erhabene Greise, die auf kostbaren Teppichen sitzen und Legenden erzählen beim Tschai und und und ...

Wie dieses statische, selbst schon zur Legende gewordene Bild korrigieren? Wie dem Jungen in Berlin-Kreuzberg oder Leverkusen, der seinen Karl May gelesen hat, erklären, daß jene diskriminierten, kaum geduldeten »Gastarbeiter« die Nachfahren des stolzen Ali Bei sind? Wie verstehen, daß die Vorväter der scheuen, stummen Männer in den verelendeten Vororten von Ankara und Teheran noch unter Scheich Ahmed al Barasani gekämpft oder als Mitglieder des Dshawanru-Stammes in einem Aufstand umgekommen sind?

Andererseits fragt man sich, wenn man in einem der abgelegenen Täler auf einen Bauern trifft, der den kargen Boden mit Ochsengespann und Holzpflug noch bearbeitet wie zu Hammurabis Zeiten, ob hier wirklich hundert Jahre vergangen sind oder ob hier die Zeit stehengeblieben ist – nicht nur seit hundert Jahren, sondern seit Jahrhunderten.

Wer sind die Kurden heute?

Wie jedes andere Volk dieser Erde weist natürlich auch das kurdische Politiker und Ärzte, Lehrer und Künstler auf. Daß jedoch manches, beispielsweise Lehrer zu sein in Kurdistan, angesichts der politischen Situation nicht einfach ist, ist eben nur eine der vielen Besonderheiten. Eine andere ist, daß das Volk seine Künstler – vornehmlich Sänger und Dichter – übermaus hoch ehrt, was wiederum Kollegen anderer Länder fast neidisch machen könnte.

Kurdischer Politiker oder Journalist zu sein bedeutet, eine gefährliche, sogar lebensgefährliche Tätigkeit auszuüben. Und schließlich sind Mediziner dieses Landes, dessen Volk immer wieder zur Waffe greift, mehrfach wichtig und in ihrem Beruf kaum vergleichbar mit Ärzten irgendeines mitteleuropäischen Staates.

Doch nicht nur dieses sind die Probleme der kurdischen Intelligenz, sondern vielmehr die Tatsache, daß das Volk zu wenige von ihnen hat, zuwenig eigene Lehrer, eigene Mediziner, Journalisten und so weiter. Dies ist eine historisch gewachsene Unterentwicklung und das Ergebnis kolonisatorischer Praktiken der Eroberer in der Vergangenheit wie auch Machtmittel derer, die sich Kurdistan gegenwärtig teilen.

Eine der wichtigsten Voraussetzungen, diesen Zustand zu beseitigen, ist Bildung. Doch wie Bildung – in kurdischer Sprache, für kurdische Schüler und Studenten – vermitteln unter fremden Bildungssystemen, die entweder keinerlei derartige Rechte einräumen oder diese wesentlich einschränken?

Daß es jedoch keinerlei Zukunft ohne Bildung und keine eigene Entwicklung ohne Wissen gibt, ist dem kurdischen Volk innerhalb der letzten Jahrzehnte schmerzhaft bewußt geworden. So hat – vor allem in den zeitweise befreiten Gebieten – in jüngster Vergangenheit ein wahrer Bildungseifer eingesetzt. Kleine und kleinste Dorfschulen sprossen wie Pilze aus dem Boden, und wo immer sich eine Möglichkeit ergab, ungeachtet der räumlichen Unzulänglichkeiten oder der Dürftigkeit der Unterrichtsmittel, wurde gelehrt und gelernt.

Allerdings studieren heute immer noch die Söhne und Töchter außerhalb der Heimat im Exil. Oder sie fanden Zugang zu den »Felduniversitäten« der Partisanenarmee Pesh Merga, deren Lehrer in Zeltlagern im Gebirge die kurdische Sprache, Geschichte und Literatur ebenso vermitteln wie die Relativitätstheorie Einsteins. Und nicht wenige Kurden lernten hier zum erstenmal Lesen und Schreiben. Und während sie mit Bleistiftstummel, abgegriffenem Heft und Grundschulfibel hantierten, lag griffbereit daneben das Gewehr oder die automatische Maschinenpistole.

Hinter den Bergen blieb die Zeit stehen

Kurdistan ist zu den Ländern der Dritten Welt zu zählen. Experten sprechen sogar von einem »unter-unterentwickelten« Land. Das Bildungsproblem ist hierbei nur eines von vielen, wenn auch symptomatisch für die historische Entwicklung wie die gegenwärtigen Probleme.

Ganz allgemein liegen die Ursachen dafür nicht nur in der politischen Geschichte, sondern auch in der geographischen Besonderheit. Jahrhunderte, ja jahrtausendelang hat das Volk sich in räumlicher Abgeschiedenheit – begünstigt durch die es umgebenden, schützenden Bergmassive – befunden. Man kann auch sagen existiert, denn von einer Entwicklung in europäischem Sinne kann überhaupt nicht gesprochen werden.

Diese das Land umgebenden Berge, seine unzugänglichen Schluchten und entlegenen Täler haben es auf ganz natürliche Weise vor den stetigen Angriffen und Überfällen beschützt, hierher haben die Kurden sich immer zurückgezogen, hierdurch haben sie überlebt, auch als Volk, und allen Assimilierungsprozessen sich widersetzen können. Andererseits hat dadurch nie ein friedlicher Austausch größeren Umfanges mit den Nachbarvölkern stattfinden können, nie ein nennenswerter Handel, der eine ökonomische und gesellschaftliche Höherentwicklung hätte fördern können, sich vollzogen.

So hat dieses »Volk hinter den Bergen« die zweifelhafte Ehre und Besonderheit, ganze Etappen der Gesellschaftsgeschichte nicht durchlebt, einfach »verschlafen« zu haben.

Durch die feste Bindung in Stämme und Stammesverbände urgesellschaftlicher Prägung hat sich der Übergang zur Feudalordnung hier erst vollzogen, als in Europa schon kapitalistische Wirtschaftsgebilde etabliert waren. Und während bemannte Raumflugkörper und Satelliten verschiedenster Art die Erde umkreisen und Computer das Zeitalter bestimmen, herrschen in Kurdistan vielfach noch feudale Verhältnisse.

Die Einheit von Maulesel und Mercedes

Fährt man die berühmte Hamilton-Straße – benannt nach dem neuseeländischen Tiefbauingenieur, der Ende der 20er Jahre von der britischen Mandatsmacht beauftragt worden war, durch schwierigstes Gelände eine Trasse zu bauen – fährt man also ein Stück auf dieser strategisch ungeheuer wichtigen Strecke von Mosul in Richtung Teheran, trifft man nicht nur auf Lastwagen voll mit Granatäpfeln und Trauben, Zucker und Tee. Es könnte ohne weiteres sein, daß sich auf dieser Straße ein Bauer mit seinem Maulesel, beladen mit Knüpfteppichen für den Basar, und ein Mercedes begegnen. Und beides sind Kurden, beide womöglich von einem Stamm, nur daß der eine ein armer Landloser ist und der andere der Agha, der Großgrundbesitzer, dem nicht nur einige tausend Hektar Boden und riesige Schafherden gehören, sondern auch noch die Dörfer der ganzen Gegend.

Und nicht nur auf der Hamilton-Straße können Armut und Reichtum derart kraß aufeinandertreffen, denn dieses Mißverhältnis ist landesweit und ebenfalls historisch gewachsen.

Den berühmten kurdischen Reitern, die heute noch die jugendlichen Leser Karl Mays und ähnlicher Reiseschriftsteller faszinieren, begegnet man auf der Hamilton-Straße kaum noch. Wer sie sucht, muß in die Hochgebirgstäler der Zagros-Kette reisen.

Kurdistan heute – das ist immer noch weitgehend ein agrarisches Land, wie zu Zeiten der Väter und Vorväter. Der überwiegende Teil der Bevölkerung ist mit Ackerbau und Viehzucht beschäftigt. Getreide, vor allem Weizen und Roggen, verschiedene Sorten Gemüse – Melonen, Tomaten, Gurken, Salat, Zwiebeln, Wein, Tabak und Reis sind die Hauptprodukte.

Diese Waren dienen zum Teil der eigenen Versorgung, zum Teil aber auch als Handelsobjekte, denn nicht selten wird hier noch in der archaischen Form Ware gegen Ware getauscht. Viehzucht wird vor allem mit Rindern, Schafen und Ziegen betrieben, deren tierische Produkte, von Milch über Käse bis zur Lederherstellung aus der Haut, ebenfalls der Selbstversorgung dienen, beziehungsweise gehandelt werden.

Trotz des fast sprichwörtlichen Fleißes, welcher den Kurden bescheinigt wird, ist die Arbeitsproduktivität der Landwirtschaft sehr niedrig und hält keinerlei europäischen Vergleichen stand. Ursachen hierfür sind vor allem in der Rückständigkeit dieser Landwirtschaft zu suchen, die – wenn überhaupt – sich noch weitgehendst auf niedrigsten Mechanisierungsstufen befindet. Zwar muß man sicher die Ländereien der Großgrundbesitze differenziert betrachten, da sie doch bereits über Anfänge von Maschinenparks verfügen. Doch die große Masse der Bauern, die nur über einen oder wenige Hektar verfügen, geht wie ehedem hinter Holzpflug und Ochsengespann. Nicht anders verhält es sich beispielsweise mit der Bemühung um die Erhöhung der Bodenfruchtbarkeit, denn künstlicher Dünger ist kaum bekannt. Abgesehen davon, daß er für die meisten ohnehin nicht erschwinglich wäre. Dennoch erlebte die Landwirtschaft in den vergangenen Jahrzehnten einen bescheidenen, jedoch für Kurdistan erheblichen Aufschwung. Vor allem die Konzentration von Land spielte hierbei die maßgebliche Rolle, andererseits die steigenden Bedürfnisse der Märkte in den städtischen Zentren (auch außerhalb Kurdistans) und die daraus erwachsenden Gewinne führten zu einer rapiden Mechanisierung besonders der Großbetriebe.

So ist zwar nach wie vor das gewohnte Bild des Einzelbauern mit seinem Gespann zu finden, jedoch sind pflügende Traktoren auf den Feldern keine Seltenheit mehr.

Schwer verständlich für Fremde ist angesichts dieses Ungleichgewichts, dieses harten Aufeinandertreffens von bitterster Armut und maßlosem Reichtum immer wieder die Tatsache, daß sich aus der ungleichen Verteilung keinerlei Konflikte ergeben; Aufstände der landlosen Bauern etwa oder ähnliches. Und dies ist wiederum eine kurdische Besonderheit. Denn nach wie vor wirken hier uralte, patriarchalische Strukturen und über Generationen unverändert gebliebene Stammesverhältnisse. »Blut ist dicker als Wasser«, sagen die Kurden. Und der Bauer mit dem Esel und der Agha mit dem Mercedes gehören zu ein und demselben Stamm. Wie kann man sich da bekämpfen?!

Und am Ende, sollte es eine Ungerechtigkeit geben, die vergolten werden muß, bleibt ja immer noch jenes Geschäft, dem man seit altersher und traditionell nachts nachgeht – der Raub. Auch das ist Kurdistan heute.

Kurdistans Reichtum fließt in die Taschen der Fremden

Angesichts der gesellschaftlichen und ökonomischen Entwicklung Kurdistans kann man sagen: Hier sind hundert Jahre wie ein Tag, und was vermag ein Tag zu ändern?

Andererseits: Veränderungen, die über Jahrhunderte nicht erfolgt sind, brechen praktisch über Nacht herein. So steht der Bergnomade Zentralkurdistans neben dem modernen Industriearbeiter Diyarbakirs.

Doch trotz des Eindringens des Kapitalismus in die kurdischen Gebiete hat die Industrie hier noch den Charakter eines Anfangsstadiums, abgesehen davon, daß nur ein minimaler Teil der Bevölkerung – zwischen 5 und 10 Prozent – im nichtagrarischen Bereich tätig ist.

Die Klein- und Kleinstunternehmen in kurdischem Besitz sind in der Regel Werkstätten und Manufakturen mit geringem Mechanisierungsgrad, wie Seifensiedereien, Ölmühlen oder Teppichknüpfereien, nicht selten Familienbetriebe mit einer geringen Anzahl Beschäftigter.

Die Mehrheit der Arbeiter ist in den staatlichen, also nichtkurdischen Betrieben beschäftigt, wie beispielsweise im Textilzentrum der Türkei, in Diyarbakir, in der tabakverarbeitenden Industrie im Gebiet von Sulaimania, in den Erdölförderregionen Iraks und Irans oder den Chromminen Türkisch-Kurdistans. Diese kurdischen Arbeiter unterscheiden sich wesentlich von den Kurden der Zentralgebiete, die noch größtenteils in ihren traditionellen gesellschaftlichen Verhältnissen leben, wie vor Jahrhunderten ihre Häuser aus Lehm bauen und zum Teil noch periodisch nomadisieren. Überhaupt scheint dies eine Taktik der Staaten zu sein, nämlich die kurdischen Gebiete von der ökonomischen und industriellen Entwicklung weitestgehend auszuschließen.

Ganz eindeutig ist das an der Wirtschaftspolitik des Iran ablesbar, der kaum nennenswerte Industrien in den kurdischen Landesteilen ansiedelt. Einerseits werden dabei sehr oft die Argumente gebraucht, daß die »Unsicherheit« dieser kurdischen Gebiete Aktionäre davon abhalte, hier zu investieren, daß die Zugänge zum Meer und zu den Häfen zu entfernt seien, daß die Bevölkerung über eine zu geringe Kaufkraft verfüge, sogar die geographischen Unwirtlichkeiten werden angeführt. Andererseits offenbart der Blick auf eine Landkarte das Fehlen jeglicher wesentlichen verkehrstechnischen Erschließung. Dabei wären gerade Verkehrswege, also Straßen und Eisenbahnverbindungen, die notwendigste Voraussetzung und überhaupt der Beginn einer nennenswerten ökonomischen Entwicklung. Dieses Dilemma ist bezeichnend für ganz Kurdistan.

Daß Verbindungen zu den Garnisonsstädten und andere strategisch wichtige Trassen geschaffen worden sind und auch zur Zeit gebaut werden, geschah und geschieht fast ausschließlich unter militärischem Aspekt und letztendlich kaum zum Nutzen des kurdischen Volkes.

Hinter den in keiner Weise nennenswerten staatlichen Investitionen der Türkei, des Iran und Iraks verbirgt sich somit eine ökonomische Strategie, die eindeutig kolonialistisch genannt werden muß.

Mit dieser bewußten Politik der wirtschaftlichen Niederhaltung der Kurden geht eine fast beispiellose Ausbeutung der Bodenschätze und Rohstoffe einher, von denen das Land über nicht wenige verfügt.

An erster Stelle wären die reichen Ölvorkommen in Iranisch- und Irakisch-Kurdistan zu nennen. Auf dem Gebiet der Türkei sind es vor allem die gewaltigen Chromlagerstätten in der Nähe von Maden, die zu den reichsten der Erde zählen und mit deren Jahresproduktion die Türkei den 2. Rang (hinter der UdSSR) in der Weltproduktion einnimmt. Weiterhin finden sich Braunkohle, Kupfer, Eisen und Phosphat in nicht geringen Ablagerungen. Die Ausbeutung dieser Lagerstätten erfolgt generell durch entsprechende staatliche Gesellschaften oder multinationale Konzerne, in denen die namhaftesten europäischen und amerikanischen Unternehmen vertreten sind.

Nicht nur, daß das kurdische Volk in keiner Weise an den beträchtlichen Gewinnen beteiligt ist – die überwiegende Mehrheit der geförderten Rohstoffe wird, wenn nicht direkt exportiert, zur Weiterverarbeitung in die nichtkurdischen Landesteile gebracht, so wird beispielsweise das in Divrigi in Türkisch-Kurdistan geförderte Eisenerz im Westen der Türkei, in Karabük und Eregli verhüttet.

Wie lautete doch das alte Sprichwort: *Kurd haweni nia?* Nein, die Kurden haben auch in der Gegenwart keine Schirmherren, keine Freunde. Auch nicht in dieser Beziehung. Die Zeiten haben sich geändert, damit auch die Mittel. Die Verhältnisse jedoch, einschließlich wirtschaftlicher Unterdrückung und Ausbeutung, sind geblieben.

Das Paradies im Schatten

Was ist nun geblieben vom Bilde Karl Mays, von seinen wilden Kurden, seinem rauhen Land?

Auf alle Fälle die Landschaft. »Die Schluchten und Hänge sind mit kräftigen Eichenwaldungen bestanden . . .«, heißt es im Roman. Und so sieht die Wirklichkeit immer noch aus. Immer noch, weil auch hier der Mensch zusehends in die Natur eingreift. Und die traurige Konsequenz der mangelhaften Brennstoffversorgung der Kurden sind eben auch teilweise gelichtete Wälder.

Dieses Abholzen steht jedoch in keinem Verhältnis zu den Zerstörungen, die der Krieg in den kurdischen Wäldern angerichtet hat, angefangen von den Einsätzen der britischen Luftwaffe 1919 über die Flächenbombardements der irakischen Regierung ab 1961 unter Kasim bis hin zu den Luftangriffen des Baath-Regimes und dem gegenwärtigen Krieg zwischen Iran und Irak. Immer wieder Flugzeuge, Bomben und Raketen, türkische, iranische und irakische, deren Ziel die Vernichtung der Pesh Merga und der kurdischen Partisanen in den Bergen war, und deren Opfer letztendlich immer auch die Wälder sind. Aktionen, die der Taktik der »verbrannten Erde« der Amerikaner in Vietnam gleichen.

In den letzten Jahren geht die Baath-Partei sogar soweit, daß sie die Bauern öffentlich zur Abholzung, zur Vernichtung des Waldes auffordert und Prämien, beispielsweise für das Fällen von Eichen, aussetzt. Dies ist nur zu verstehen, wenn man das fast abergläubische Verhältnis der Kurden zu ihren Wäldern kennt. Der Wald ist ihnen seit jeher etwas Heiliges, Unantastbares. Und nicht selten befinden sich die Friedhöfe der Dörfer außerhalb und im Wald.

Sogar jetzt noch schmücken sie einzelne Bäume, denen sie wundertätige Kräfte zuschreiben, und alte Frauen, die mit Kräutern heilen und Hebammendienste leisten, führen bestimmte Krankheiten auf ein »unheiliges« Verhalten des Betreffenden gegenüber dem zu schützenden Wald zurück. Natürlich zerbröckelt dieser Volksglaube angesichts des zunehmenden Einzuges von Fernsehgeräten und Automobilen auch in den dörflichen Gebieten; die Ehrfurcht vor dem Wald aber, der seit ewigen Zeiten Schutz bietet, jagbare Tiere und Kräuter, Trüffel und Pilze, ist geblieben.

Generell ist Kurdistan ein wunderschönes, bergiges Land, von allen Himmelsrichtungen von Flachland umgeben. Die Berge – unter ihnen der schon in der Bibel erwähnte Ararat – sind teilweise über 4000 Meter hoch und mit dichten Wäldern bedeckt, wobei vor allem Eiche und Fichte dominieren, aber auch häufig Birken anzutreffen sind. In den Tälern, fruchtbaren Ebenen und an den Ufern der zahlreichen und reißenden Bergflüsse wachsen Pappeln und Weiden, Weizenfelder bedecken die Hänge, und an den Quellen findet man Tabak. Daneben durchziehen mächtige Ströme, wie Euphrat, Tigris, Aras und Kisil-Usen das Land.

Und wie in Karl Mays Roman führen waghalsige Passagen und enge Wege durch zerklüftete Schluchten in abgelegene Täler, die nur mit Pferd oder Maulesel zu erreichen sind. In diesen Bergen leben noch Bären und Wölfe, Füchse und Hyänen, Wildschweine und Steinböcke.

Auf Grund der zum Teil extremen Höhenunterschiede – vom südlichen Kurdistan bis zum Ararat im Norden fast 5000 Meter! – bestehen erhebliche Klimaunterschiede und große Temperatursprünge. Im wesentlichen liegt das Land unter dem Einfluß von Kontinentalklima, in den Ebenen, beispielsweise von Urfa oder im Tigristal, herrscht ein mildes, gemäßigtes Klima, während Teile des südlichen Kurdistan Klimazonen des Mittelmeerraumes vergleichbar sind.

Vor allem in diesen Gegenden verlassen die Bewohner in den heißen Sommermonaten zum Teil ihre festen Wohnstätten und ziehen in höhergelegene, leicht gebaute Siedlungen oder Zelte, wie schon bei Karl May nachzulesen war. *»Trotz der hohen und freien Berge ringsum ist diese Stadt nämlich überaus ungesund, so daß bei Anbruch der wärmeren Jahreszeit schleichende Fieber auftreten. Dann verlassen die Bewohner den Ort und begeben sich in die benachbarten Wälder, um dort in Sommerwohnungen zu leben, die Jailaks genannt werden.«*

Eine der Ursachen dieses Umzuges und des Auftretens der »schleichenden Fiebers«, wie Karl May es beschreibt, ist der vom Süden her wehende, äußerst trockene *Rasche-ba,* der »schwarze Wind«, dem die Kurden ausweichen. Andererseits ist es eine archaische Form des Nomadisierens, die immer noch praktiziert wird, indem die Bauern mit ihren Herden zu den fruchtbaren Bergweiden ziehen. Im Winter dagegen – im nördlichen Kurdistan sogar bis zu einem halben Jahr – bedeckt hoher Schnee den größten Teil des Landes, der viele Gebirgspfade unpassierbar macht und ganze Täler von der Außenwelt abschließt. Dann ist Geschichten- und Legendenzeit, sagen die Kurden.

Wenn jedoch der Frühling anbricht, erwacht die scheinbar erstorbene, grau-weiße Natur auf das wunderbarste. Dann drängt allerorten das Grün hervor und Kurdistan verwandelt sich in ein Paradies von Blumen.

Blumen, Blumen – überall Blumen, die – ein Geschenk der Natur nach der kalten, trostlosen Jahreszeit – überall wild wachsen; Narzissen und Tulpen, Lilien und Orchideen in allen nur erdenklichen Farben.

Dann feiert ganz Kurdistan *Newroz,* das Neujahrsfest. Und natürlich auch jenen Tag, an dem Kawe, der Schmied, sich erhob gegen den schlangenschultrigen Sohak und das Volk von der Unterdrückung befreite.

Wunderschönes Kurdistan – ein Paradies könnte es sein, ein blühendes, glückliches Land, eines der begehrtesten Touristenzentren des Nahen Ostens, wenn, ja wenn . . .

Aber Kawe, der Schmied, das ist eine hoffnungsvolle Legende und ist lang, lang her. Eine neuerliche Befreiung von der Unterdrückung jedoch scheint in weiter, weiter Ferne zu liegen.

Die drei wichtigsten Dinge

Und schließlich die Kurden selbst, die Nachfahren von Karl Mays Ali Bei?

Nicht alles von jener Faszination, die Karl May beschrieben hat, ist verschwunden. Sicher, es gibt die Textilarbeiter von Diyarbakir und die Elendsviertel von Teheran. Aber es gibt auch noch uralte Traditionen und Riten, Wertvorstellungen und Bräuche, die von Generation zu Generation weitergelebt haben und immer noch wirken und manche der eigentümlichen, unverwechselbaren Besonderheiten dieses Volkes darstellen.

Obwohl sich die Religion des Islam längst über fast ganz Kurdistan verbreitet hat und die meisten Dörfer über Koranschulen verfügen, trifft man in Sinjar und Scheichan, in der Nähe von Mosul, immer noch auf die ewig brennenden Olivenöllampen der Jesidi, die Karl May fälschlicherweise als »Teufelsanbeter« bezeichnete, und denen er riesige Kultfeuer andichtete. Vermutlich leitete sich diese Bezeichnung von der *Mishefa Reŝ,* der »Schwarzen Bibel« her, in der die jesidische Lehre formuliert ist, die eine merkwürdige Mischung alter kurdischer Religion, muslimischer Riten und

Irakische Hirten und Pesh Merga im Grenzbereich nahe der türkischen Grenze

Seite 34: In einem Flüchtlingslager nordiranischer Kurden bei Rayat (Nordirak)

Seite 35: Irakischer Wanderhirte. Der Mann trägt noch den früher weitverbreiteten Kurden-Dolch

Aus groben Steinen in den Hang gebaute Unterkünfte iranischer Kurden bei Khurmat (Nordirak)

Seite 37: Ein von Iranern in Brand geschossener Hügel hinter einer Siedlung bei Khurmat (Nordirak)

Iranische Pesh Merga im Grenzgebirge

Seite 38: Flußüberquerung von iranischen Pesh Merga in 2000 Metern Höhe

Irakisch-kurdische Landschaft in Grenznähe

Brahmanentum darstellt. Diese Glaubensgemeinschaft, die sich ihr eigenes Mekka, ihre Tempelanlage geschaffen hat, lebt wie seit Jahrhunderten fort.

Daneben ist vieles möglich und geschieht, was andernorts, gar unter europäischen Verhältnissen, wie ein Märchen anmuten würde. So erregte 1956 in Irakisch-Kurdistan ein selbsternannter Prophet namens Hama Sur nicht wenig Aufregung. Er ging durch die Dörfer und predigte eine Art Ur-Kommunismus, in dem alle sich zusammenfinden, gemeinsam arbeiten und das Erarbeitete gerecht teilen sollten. Die Bauern hörten seine Worte, fanden die Lehre gut und binnen kurzer Zeit schlossen sich ihm ganze Dörfer an, ungeachtet der sie umgebenden wirtschaftlichen Verhältnisse und der islamischen Religion. Eine Episode, die aus der Feder von Karl May stammen könnte.

Ebenso verlaufen Dorffeste und Feierlichkeiten heute noch, als wäre die Zeit vor hundert Jahren stehengeblieben. Trauerfeiern oder Hochzeiten – früher waren es noch kriegerische Auseinandersetzungen – erstrecken sich, immer in Anbetracht des Reichtums der jeweiligen Familien, oft über mehrere Tage und schließen die Bewohner des gesamten Ortes ein. In der Regel wird dann ein großes Festzelt auf dem Dorfplatz, dem Gemeindezentrum, errichtet, *Dohul* und *Surna* (Trommel und ein flötenähnliches Instrument) spielen auf, und die Männer finden sich in langen Reihen und Kreisen und tanzen wie ihre Vorväter den *Halparkee* und feuern mit ihren Gewehren wild in den Himmel. Oder das ganze Dorf bewegt sich in einem unübersehbaren Kreis, immer Mann und Frau im Wechsel, im Schreitschritt des *Raschbalak,* von dem die Kurden behaupten, der Tanz sei so alt wie das Volk. Und wer könnte ihnen das Gegenteil beweisen?

Ein ebenso weitverbreiteter Brauch und Aberglaube ist, trotz des Vordringens der Medizin auch in die entlegendsten Regionen, daß der Ehemann neben dem Bett der hochschwangeren Frau sitzt, das Gewehr griffbereit und in der Hand einen spitzen, eisernen Gegenstand, beispielsweise einen Nagel, um Frau und Kind vor einer sogenannten Fee zu beschützen. Denn vermeint die Schwangere während der Wehen eine junge, schöne Frau zu sehen, eben jene Fee, die erstaunlicherweise oftmals als blond beschrieben wird, so ist das Kind in Gefahr. Denn – so besagt es dieser Glaube – erscheint die Fee, so nimmt sie das Kind mit sich, was heißt, daß es tot geboren wird. Der Ehemann jedoch oder ein naher Verwandter, der Wache hält mit Gewehr und Eisennagel, vermag die Gefahr zu bannen und zu einer glücklichen Geburt beizutragen.

Überhaupt, und vor allem angesichts der arabischen Nachbarschaft, fällt das Verhältnis der Kurden zu ihren Frauen und die Stellung der Frau in der Familie und in der Gesellschaft generell auf. Im Gegensatz zu den arabischen Frauen sind die kurdischen in keiner Weise diskriminiert oder herabgesetzt. Weder verschleiern sie ihr Gesicht, noch sind sie dem Mann untertan; Frauen besetzten sogar die Positionen von Familienoberhäuptern und Stammesführern. Eine der legendärsten Stammesführerinnen war bis in die 30er Jahre dieses Jahrhunderts Adila Han in Iranisch- und Irakisch-Kurdistan, die stets von einer kleinen, aber um so entschlosseneren Leibwache umgeben war. So ist es kein Wunder, wenn mutige Männer heute noch im Volk nicht mit dem Namen des Vaters, sondern dem ihrer Mutter gerufen werden. Angesichts dieser Verehrung der Frau erübrigt sich fast die Feststellung, daß Poligamie bei den Kurden als Ausnahme gilt.

Einzig fällt auf, daß man in den Tschai-Kanehs, den Teestuben und Mittelpunkten des dörflichen Lebens, keine Frau trifft – höchstens an den Wänden zwischen Teppichen, Devotionalien und billigem Wandschmuck. Aber dann ist es nicht unbedingt ein Pin-up-Girl europäischer Prägung, eher eine berühmte Schauspielerin oder eben jene legendäre Adila Han. Auch das ist Tradition. Und wer wollte aus dem Umstand, daß die Frau mit der Haus- und Hofarbeit beschäftigt ist, während der Mann in der Runde seinen Tschai trinkt, schließen, daß der Kurde seine Frau nicht genug achtet? Wohl nur ein Nichtkurde.

Und die Entschlossenheit der Kurden, ihre so oft zitierte kriegerische und räuberische Mentalität?

Die Pesh Merga (wörtlich: »Die vor den Tod gehen«), jene Partisanenarmee, die nie richtig geschlagen oder vernichtet wurde, ist ein Fakt. Ein anderer Beleg, der auch die sprichwörtliche Liebe zur Gerechtigkeit oder zu deren Wiederherstellung veranschaulicht, soll eine einfache Begebenheit sein, die sich vor wenigen Jahren in Iftihar in der Nähe von Kirkuk zugetragen hat.

Ein Bauer hatte einem Agha, einem verarmten Grundbesitzer, fünf Zentner Getreide geliehen – gleich aus welchem Grund oder Anlaß. Nun war die Zeit vergangen, die neue Ernte eingebracht, und der Sohn des Bauern ging zum Agha, das Geliehene zurückzuholen. Dieser jedoch gab ihm fünf Säcke mit Getreide, das alt und schlecht war und voller Ungeziefer. Der Sohn verweigerte die Annahme mit der Begründung, daß das Getreide, das sein Vater verliehen hatte, von bester Qualität gewesen sei, und ebensolches wollte er jetzt wiederhaben. Der Agha jedoch weigerte sich, entweder solle der Sohn dieses Getreide nehmen oder es gäbe gar nichts. Wütend ging der Sohn nach Hause und berichtete alles dem Vater. Der jedoch zuckte mit den Schultern, sah gen Himmel und sprach: Wenn Allah es so will, so soll es recht sein. Noch in der Nacht aber ging der Sohn mit einem Freund zurück zu dem Agha, schlich sich ins Haus und stahl ein Gewehr.

Das Gewehr jedoch gab er seinem Freund, damit er es verkaufen sollte. Das Gewehr, ein kostbarer Besitz in Kurdistan, erbrachte 150 Dinar. Von diesen 150 Dinar nahm der Sohn ganze 5 Dinar, das andere Geld sollte der Freund behalten. 5 Dinar und keinen mehr, denn genau dies war der Kaufpreis für fünf Zentner guten Getreides, wie sie der Vater einst verliehen hatte. So war die Gerechtigkeit wiederhergestellt.

Diese Geschichte ist geschehen vor wenigen Jahren in der Nähe der Stadt Kirkuk im kleinen Dorf Iftihar. Doch sie könnte zu jeder Zeit und überall in Kurdistan geschehen sein. Sie beschreibt auf kurze und einfache Weise uralte kurdische Tugenden und Wertvorstellungen. Und Raub ist bei den Kurden eine schon immer geachtete Tugend gewesen, ebenso wie das traditionelle Festhalten an Gerechtigkeit.

Und noch etwas belegt diese Begebenheit: daß eines der drei wichtigsten Dinge für einen Kurden das Gewehr schon immer war und noch ist. Die beiden weiteren Dinge sind Frauen und natürlich Pferde.

Kurdische Frau mit typischem Kopfschmuck aus der Zeit um die Mitte des 19. Jahrhunderts

II. Der lange Weg zu den Karduchen

Nebenan die Wiege der Menschheit

Den alten Griechen galt Mesopotamien, das Land zwischen Euphrat und Tigris, als der Garten Eden, und für die Bibel ist es das Paradies, aber auch der Pfuhl der Sünde, in dem sich der aus dem Paradies vertriebene Mensch allen nur erdenklichen Lastern hingab. Herodot (etwa 485–425 v. Chr.), der »Vater der Geschichtsschreibung« und auch sachkundiger Dokumentarist der Geschichte der Skythen und Perser, nannte jenes Babylon, das dank des legendären Turmbaus noch heute Sinnbild menschlicher Hybris ist, Hure und Weltstadt in einem. Und Diodor (etwa 80–29 v. Chr.), der kenntnisreiche Historiker der Frühgeschichte der Völker zwischen Kaspischem Meer und Mittelmeer, Schwarzem Meer und Golf, soll einer der größten Bewunderer der »hängenden Gärten« gewesen sein, jener ebenso kunstvoll-gigantischen wie überaus nützlichen, weil Kühle spendenden Dachkonstruktion, die zu den Sieben Weltwundern des Altertums zählen, von Nebukadnezar II. (605–562 v. Chr.) erbaut wurden, jedoch fälschlicherweise immer wieder mit der assyrischen Königin Semiramis in Verbindung gebracht werden.

Hinterlassene Anekdoten und Legenden, Geschichten und Überlieferungen zu einer Landschaft, die als die Wiege der Menschheit gilt.

Und Bruchstückhaftes zwar nur, doch ungeheuer reiches Material, vergleicht man dagegen, was der Boden hier den Archäologen hinterlassen hat.

Keine Tempel oder ähnliche Bauwerke, vergleichbar den griechischen, bedecken diese Landschaft, keine riesigen Pyramiden künden von längst vergangenen Kulturen, keine ehemaligen Steinbrüche geben Auskunft über Gewesenes. Nur der Staub der Ebenen zwischen Euphrat und Tigris und vereinzelte Hügel, nur die Schroffheit der Berge und die Abgelegenheit der Täler – keinesfalls also Objekte, an denen sich der Forschergeist hätte entzünden können.

So ruhte diese Landschaft am Fuße der kurdischen Berge, so ruhten die Täler jahrhundertelang fernab jeglicher historischen und archäologischen Beobachtung. Nur die Historiker der Kriegszüge vermeldeten Randnotizen zu Land und Bevölkerung. Und bis in das 19. Jahrhundert hinein betraten nur vereinzelte Reisende und Abenteurer die Berge hinter den Ebenen. Und nicht einmal die Einheimischen oder Nomaden ahnten unter den Hügeln die Stätten ihrer Vorfahren, die Fundgruben ihrer Geschichte. Ihnen genügte seit jeher die bildhafte Vergangenheit der Sagen und Legenden.

So ist es nicht verwunderlich, daß über Jahrhunderte Halbwahrheiten und Unkenntnis das Bild dieser Landschaft und seiner Bewohner prägten. Und trotz stark gewachsenem Interesse und ausführlicher Forschungstätigkeit innerhalb der letzten einhundert Jahre sind die Schleier um die Geschichte des Volkes der Kurden noch immer nicht vollends gelüftet. Und auch was den Ursprung betrifft, sind noch nicht alle Rätsel gelöst und viele Fragen noch offen, auf die die moderne Geschichtswissenschaft noch keine einhelligen Antworten zu geben vermag.

Vielleicht sind es nicht zuletzt auch diese Geheimnisse, die nach wie vor das Interesse an der Frage nach dem Ursprung wachhalten, wie es der berühmte Wiener Orientalist und Kurdistankenner H. A. Barb bereits 1835 formulierte, nämlich die Tatsache, daß *»wir es mit einem alten merkwürdigen Volke zu tun haben, das auf dem Boden des alten assyrisch-medischen Reiches, trotz der vielen Umwälzungen und politischen Veränderungen im Oriente, eine Art nationaler Selbständigkeit und halber Unabhängigkeit unter eigenen Fürstengeschlechtern behalten hat, und unter diesen letzteren so wie unter seinen Stämmen welche aufweiset, die sich ihres altpersischen Ursprungs und königlicher Abstammung rühmen und nebst ihren Ansprüchen auch Namen und Daten im Munde führen, welche unwillkürlich an die assyrische und medische Vorzeit erinnern«.*

Raum der frühen Kulturen

Völker kommen und gehen. Staaten bilden sich heraus, expandieren, erleben Blütezeiten und verschwinden wieder aus der Geschichte, als hätte es sie nie gegeben. Stämme sind gewandert und ganze Völker über Tausende von Kilometern, verdrängt von anderen oder auf der Suche nach günstigeren Lebensbedingungen, besseren Böden, reicheren Weiden, dabei nicht selten andere verdrängend. Eines jedoch ist immer geblieben – ein Raum, eine Landschaft, ein Siedlungsgebiet. Davon kann man ausgehen, wenn man nach den Anfängen oder Ursprüngen eines Volkes sucht.

Dieser Raum – grob abgesteckt zwischen drei Meeren und dem Golf – hat, wie kaum ein anderer, Reiche entstehen und wieder zerfallen sehen, große und zu ihrer Zeit einzigartige Kulturen sind erblüht und letztlich vom Staub der Zeit verschüttet oder von den Kulturen der Eindringlinge zerstört worden. Manches ist in die Kulturen der Eroberer eingeflossen, manches jedoch gänzlich in der Vergangenheit versunken. Und sicher ruht manches noch in der Erde – jahrtausendealte Zeugen, verstummt, vergessen, nie wieder aufgefunden.

3500 Jahre vor den sagenhaften Mayas Mittelamerikas und dem Reich der Franken in Europa, 3000 Jahre vor der Blütezeit der Römer, 1500 Jahre vor der Hügelgräberkultur Europas, also um etwa 3000 v. Chr. – die Weltkarte kannte noch keine Germanen, keinen hellenistischen Staatenbund –, zu Beginn der Bronzezeit, siedeln im Süden Mesopotamiens die Sumerer, deren Herkunft weitgehend unbekannt ist. Sie gründen Stadtstaaten, schaffen die erste Hochkultur mit ihren Zikkurats, jenen stufenförmigen Tempeltürmen, und erfinden die Keilschrift. Auf dem Höhepunkt dieser Macht (um 2350 v. Chr.) regiert der sumerische Herrscher Lugalzaggesi über ein riesiges Reich, das bis ans Mittelmeer reicht. Von 2150–2050 v. Chr. unterwerfen die Gutäer, die aus den Gebirgen östlich des Tigris in das Reich einfallen, die Sumer. Anschließend kann sich das sumerische Reich noch einmal für ein Jahrhundert restaurieren, zerfällt jedoch endgültig in den Kämpfen mit den Elamitern, die das gesamte Gebiet des heutigen Südwestiran beherrschen.

Um 2500 v. Chr. hat sich am Oberlauf des Tigris ein Volk angesiedelt, das als besonders kriegerisch gilt, sich selbst und seine Hauptstadt nach seinem obersten Gott Assur – Kriegs-, Schicksals- und Richtergott – benennt und rasch expandiert: die Assyrer. Dieses altassyrische Reich schließt um 1800 v. Chr. die kurdischen Berge bis zum Van- und Urmia-See im Norden ein und reicht im Süden fast bis Babylon. Hammurapi, König von Babylon (ca.1792–1750), macht der tausendjährigen Herrschaft des altassyrischen Reiches jedoch ein Ende und die Assyrer um 1500 v. Chr. zu Vasallen Babylons.

Damit beginnen mehr als 500 Jahre Vorherrschaft des Großreiches von Babylon. In dieser Blütezeit entstehen zahlreiche Gesetzessammlungen *(Kodex Hammurapi),* ausgedehnte und fruchtbringende Bewässerungssysteme werden geschaffen. In diese Zeit datiert auch das bedeutendste Literaturwerk aus dem alten Vorderasien, eine der größten, frühen Leistungen der Weltliteratur – das *Gilgamesch-Epos.* Da dem altbabylonischen Reich trotz vielfältiger wirtschaftlicher und kultureller Leistungen eine straffe Verwaltung und eine einheitliche ökonomische Basis fehlen, wächst der Widerstand der assyrischen Vasallen, bis schließlich von Assur aus die assyrischen Könige mittels bis dato unbekannter, brutalster Kriegführung ein Großreich über ganz Vorderasien errichten. Dieses größte assyrische Reich schlägt Ägypten, verwüstet Theben, zerstört Babylon und erbaut die legendäre Stadt Ninive. Jedoch soll auch dieses Reich schon bald und für immer untergehen.

Die Meder, ein indoeuropäisches Viehzüchtervolk, das im nordwestlichen Iran in der Gegend des heutigen Teheran und Aserbaidschan, in dem nach ihm benannten Hochland Medien siedelt, assimilieren einen großen Teil der dort ansässigen Urbevölkerung.

Bereits im 9. Jahrhundert v. Chr. erwähnen assyrische Inschriften dieses Volk im Nordwesten, und auch Herodot gibt Auskünfte über ihre Entstehung und Ausdehnung. Demnach zerfällt in kürzester Zeit, auch unter dem Einfluß kriegerischer Auseinandersetzungen mit den Assyrern, die medische Gentilgesellschaft, und ein medischer Staat bildet sich heraus, der nach Süden und Osten hin Stadt für Stadt erobert, zum iranischen Großreich wird und schließlich mit der sagenumwobenen Eroberung Ninives 612 v. Chr. endgültig die Herrschaft der Assyrer auf dem Schauplatz Vorderasien zerbricht.

Und hier, genau hier sind die Ursprünge der Kurden zu suchen. In diesem Schmelztiegel der Geschichte, in diesem Auf und Ab von Sumer, Babylon und Assur tritt plötzlich vom Norden her ein Volk auf, das stark genug ist, die Stämme und Völker seines Siedlungsgebietes zu assimilieren und zu integrieren. Völker, die bis dahin zwar existieren, die in den Inschriften und Tontafeln der Könige der sie umgebenden Großreiche auch auftauchen, die jedoch nun das erste Mal aus der Zurückgezogenheit hervorbrechen und selbst Geschichte schreiben.

Sohak, das Jahr 612 und Kawe, der den Schmiedehammer ergreift, Ninive zerstört und damit eine jahrtausendalte, geschichtlich belegte Herrschaft hinwegfegt. Und dies alles an der Wiege der Menschheit, in einer der ersten Hochkulturen der Welt.

»Hier stehe ich, Herr!«, sagt Kawe, und es ist das Jahr 612 v. Chr. Legende mischt sich mit Historie und die Sage mit dem Fakt. Doch kann man sich einen pompöseren Auftritt in die Welt- und Menschheitsgeschichte vorstellen als diesen?

Der Geschichte sei an dieser Stelle vorgegriffen zugunsten der Abrundung der Kulturgeschichte dieses Territoriums.

Um 625 v. Chr. kommen die Chaldäer, erobern Babylon vom Süden aus und tragen so ihren Teil zur Zerstörung des Assyrischen Reiches bei. Unter ihrem König Nebukadnezar II. erblüht noch einmal das Babylonische

Reich und schafft unerhörte Kulturwerke wie das berühmte »Ischtar-Tor« und die »Prozessionsstraße«.

Auch die von Herodot so hoch gepriesenen »hängenden Gärten« fallen in diese Zeit ebenso wie der legendäre Turmbau zu Babel. Weniger bekannt ist in diesem Zusammenhang, daß bei Ausgrabungsarbeiten Anfang dieses Jahrhunderts Terrassenreste gefunden wurden, die als Teil der Anlage der »hängenden Gärten« identifiziert werden konnten. Und auch auf Grundmauern des »Turmes zu Babel«, wie ihn die Bibel nennt – den babylonischen »Tempel von Himmel und Erde« –, ist man gestoßen. Sumerisch hieß er »Etemenaki« und war ein dem großen Schutzgott Babylons, Marduk, geweihter Stufentempel, 7stöckig, mit einer unteren Seitenlänge von circa 30 Metern und immerhin etwa 90 Meter Höhe.

Doch der größte Teil dieser Pracht hatte nur wenige Jahrhunderte Bestand. Nach Nebukadnezar II. eroberten die Perser die Stadt, zweihundert Jahre später kam Alexander der Große mit seinen Heerscharen und besiegelte den endgültigen Untergang.

Dies geschah in den Ebenen des Tigris, am Rande der kurdischen Berge, zu einer Zeit, da es unter den Vasallen der Meder und Perser, in den kurdischen Stämmen und Fürstentümern bereits gegen die Fremdherrschaft gärte.

Von Dschinnen, Diwen und anderen

Fragt man einen Kurden nach der Herkunft seines Volkes, so erhält man als Antwort eine Geschichte. Man lauscht ihr, wundert sich vielleicht oder zeigt gar ein ungläubiges Gesicht. Und man bekommt zur Bekräftigung der ersten Geschichte, zum Beweis für deren Richtig- und Wahrhaftigkeit eine zweite Geschichte. Und eine dritte, eine vierte . . .

Vermag dies dem Glauben des Fremden nicht nachzuhelfen, werden berühmte, historische Persönlichkeiten angeführt, deren Existenz über allem Zweifel steht. Man erfährt, daß beispielsweise der babylonische König Nebukadnezar II., ebenjener mit den »hängenden Gärten« und dem legendären Turmbau, eine Frau zur Gattin hatte, die – oh Allah ist Zeuge – eine Kurdin war. Ist es in diesem Zusammenhang verwunderlich, daß vor nicht allzulanger Zeit ein kurdischer Philologe ernsthaft versuchte, den Beweis zu erbringen, daß das »Gilgamesch-Epos« eine kurdische Schöpfung sei?

Der Wortstamm leite sich vom altkurdischen Wort für ›Kuh‹ her, der Titel sei eine Pluralform und bedeute, frei übersetzt, »Kuhherde« Gelegamesch. Oh Gilgamesch, sumerischer König von Uruk am unteren Laufe des Euphrat und fernab der kurdischen Berge, der du mit Löwen und Königen kämpftest und um das ewige Leben rangst, 3000 Jahre vor Christus!

Doch der Fremde steht im Schatten des Unglaubens, nur die Seinen erleuchtet der Allmächtige und verleiht ihren Worten Weisheit und Zuversicht. Und dafür, daß der Prophet viel Widriges hat über dieses Land kommen lassen, hat er es reichlich gesegnet mit Legenden. Nicht wenige volkstümliche Sagen ranken sich um den Ursprung des kurdischen Volkes.

Eine von ihnen korrespondiert mit der Sage von Kawe, dem Schmied, und beginnt auch mit dem grausigen Ritual der Kinder-Opferung. Demnach forderte der Tyrann Sohak täglich das Hirn zweier Kinder. Das Volk jedoch täuschte den Herrscher und opferte ihm allmorgendlich das Hirn eines Kalbes und rettete auf diese Weise jeden Tag ein Kind. Die derart Geretteten aber brachte man in den sicheren Schutz der Berge, wo sie aufwuchsen und so das Volk der Kurden bildeten. Setzt man hierzu die vom Dichter Firdausi (ca. 948–1020) im »Königsbuch« *(Schah-Name)* geschilderten Vorgänge ins Verhältnis, käme man wiederum auf die magische Zahl 612 v. Chr., und die Kurden stammten demnach von den Persern ab.

Die Grundstruktur dieser Volkssage, also das sich vor einer großen Gefahr Zurückziehen in die schützenden Berge und sich dann als Stamm oder Volk Konsolidieren, taucht übrigens mehrfach auf.

Auf arabischen Genealogien über die Kurden basiert vermutlich die Legende, daß entweder Rabiá bin Nizár bin Maád oder Mudar bin Nizár die Vorfahren seien. Demnach hätten sich infolge anhaltender Zwistigkeiten bei den Kanánieden, einem der zwei arabischen Hauptstämme, Stammesteile getrennt und in die Berge zurückgezogen. Dort seien sie in Verbindung mit »Fremden« getreten, hätten allmählich ihre Muttersprache verloren und wären so zu Kurden geworden. Die arabische Abstammung wird auch durch eine andere Behauptung unterstützt, daß nämlich der Scheich Kurd (!) bin Mard bin Sasá bin Harb bin Hawázin der direkte Vorfahre der Kurden sei.

Im Gegensatz zu dieser »arabischen Version« sollen zwei andere nur auf Grund ihres eindeutig chauvinistischen Charakters hier erwähnt werden:

1. Die türkische Version, daß die Kurden – wie alle Türken – von den »grauen Wölfen der Steppen Zentralasiens« abstammten und ihre Muttersprache »vergessen« hätten, und

2. die »rassebiologischen« Untersuchungen des deutschen Anthropologen Luschan in Königsgräbern im Zagros-Gebirge, die ihn zu der These veranlaßten, die überwiegende Mehrheit der Vorfahren der Kurden sei »blond, blauäugig und langköpfig« gewesen, und nur durch Vermischung mit anderen Völkern seien sie »mehr und mehr brünett und kurzköpfig«

geworden. Inwieweit letztere Behauptung auf Einflüsse der Skythen schließen läßt, sei schon aufgrund der »Forschungen« als fragwürdig dahingestellt. Leider hat diese These von »blond und blauäugig« große Verbreitung gefunden und wird auch heute noch von vielen Kurden gern geglaubt. Doch das gehört nicht in das angenehmere Reich der Legenden. Diese sind nicht selten farbenprächtig und voll Wunderbarem.

»Eines Tages berief König Salomon fünfhundert junge Dschinn zu sich und befahl ihnen, der untergehenden Sonne nachzufliegen und erst dann zurückzukehren, wenn sie im fernen Europa fünfhundert der schönsten Jungfrauen gefunden hätten. Lange suchten und verglichen die Dschinn, ehe sie fünfhundert anmutige Mädchen, sanft wie der Vollmond im Mai, gefunden hatten. Als sie jedoch in den Königspalast zurückkehrten, war Salomon gestorben. Weil aber den Dschinn die Jungfrauen gefielen, heirateten sie die Mädchen und hatten mit ihnen viele schöne Kinder. Und diese Kinder hatten wieder Kinder . . . und so entstand das Volk der Kurden.«

Diese Legende, die in vielerlei Variationen erzählt wird, taucht schon im Chéref-Name, der »Pracht der kurdischen Nation«, auf. Chéref Khan, der Fürst von Bitlis, schrieb hier erstmalig am Ausgang des 16. Jahrhunderts einen Abriß der kurdischen Geschichte, deren Quellen und Anfänge er ebenfalls mittels verschiedener Legenden zu belegen suchte. Neben der Abstammung von den Dschinn, den guten Geistern – aufgrund der Person König Salomons ließe sich die Zeit auf etwa 900 v. Chr. datieren –, spricht Chéref Khan auch noch von der Möglichkeit der Abstammung von Diwen, bösen Geistern, doch ebenfalls in einer Verbindung mit irdischen Wesen. Eine dritte Legende, die ebenfalls Geister beschwört, besagt, daß König Salomon einst junge hübsche Sklavinnen verjagte, die sich dann mit dem Dämon Djasad verbanden und das kurdische Volk zeugten.

Doch welcher der vielen volkstümlichen Sagen und Legenden über den Ursprung der Kurden man auch immer lauscht, stets fällt auf, daß viel in ihnen die Rede ist von Geistern, von Kämpfen, Raub, Flucht oder Vertreibung. Stämme kommen aus Arabien, oder Sklavinnen werden aus Israel vertrieben, Kinder bringt man vor dem drohenden Tod in Sicherheit, oder Dschinne und Diwen paaren sich mit Menschen. Kaum eine Harmonie, kein friedlicher Auftakt und wenig Glück an der Wiege der Kurden.

Und immer sind da schützende Berge, in die Menschen fliehen, sich zurückziehen, hinter denen sie sich verbergen. Die natürliche, geographische Festung wird zum Exil, dessen Kargheit und Fruchtbarkeit in einem und beides dicht beieinander zum Lebensraum.

Hier gründet sich auch ihr fast beispielloses Verhältnis zur Natur, zu Wald und Bergen; Heimat – das war von Anbeginn auch immer Schutz und Geborgenheit. Und ist es noch heute: Den Partisaneneinheiten der Pesh Merga ist die Umwelt natürlicher Freund, den Invasoren jedoch immer wieder natürlicher Feind.

Auch fällt in den Sagen und Legenden die Betonung der Sprache auf. Sprache, die in »Vergessenheit« geriet, die sich vermischte mit anderen Sprachen, so wie sich auch die Menschen mit anderen, irdischen wie überirdischen Wesen, vereinten. Welches Konglomerat auch immer, so betonen doch auch die Überlieferungen letztendlich die Eigenständigkeit ihrer kurdischen Sprache und Nation. Insofern sind diese Legenden mehr als nur phantasievolle Ausschmückungen lang vergangener Ereignisse, die nicht mehr nachweisbar sind. Sie sind in ihrem Kern ernsthaft zu hinterfragende Quellen und Belege, deren Wert freilich nicht in der vermeintlichen Offenbarung historischer Daten und Fakten besteht, sondern vielmehr in Auskünften über die Umstände der Herausbildung eines Volkes und seiner Mentalität. Und die sind übereinstimmend in bezug auf den Lebensraum des Volkes, sein Schicksal, das mit Flucht, Unterjochung und Feindschaft beginnt, und eine eigenständige Sprache.

Historische Ereignisse bilden den Nährboden für Legenden und Sagen; doch geschichtliche Erfahrung, die sich über Jahrhunderte, ja Jahrtausende stets aufs neue bestätigt, verwurzelt sich nicht nur fester und fester im Bewußtsein eines Volkes, sondern prägt auch seine volkstümlichen Sagen und Legenden über Ursprung und Entstehung der Nation wesentlich und immer wieder aufs neue. Angesichts dessen erklärt sich auch der fortwährende Zusammenhalt des kurdischen Volkes, besonders in Zeiten größter Bedrängnis.

Doch auch die Stammesfeindschaften der Vorzeiten, deren Chronologie bis zu den Uneinigkeiten der kurdischen Gegenwart reicht und die Nation wie eh und je von innen schwächt, sind in den Legenden bereits angelegt.

In Kurdistan hat alles seine Tradition, der Kampf wie die Hoffnung; und selbst die Legenden über den Ursprung sind teilweise zu lesen als Geschichten der Gegenwart – nur eben in historischen Gewändern.

Die Sumerer waren die ersten Zeugen

Lange bevor die Kurden als Volk selbst aktiv auf den Schauplatz der Geschichte treten, zwei Jahrtausende vor ihrer eigenen, legendenhaften Entstehung, geben bereits andere Völker Nachrichten und Berichte von Stämmen aus den Bergen des Zagros und Taurus. Zuerst die Sumerer im 3. Jahrtausend v. Chr., später dann auch die Babylonier und Assyrer erwähnen in

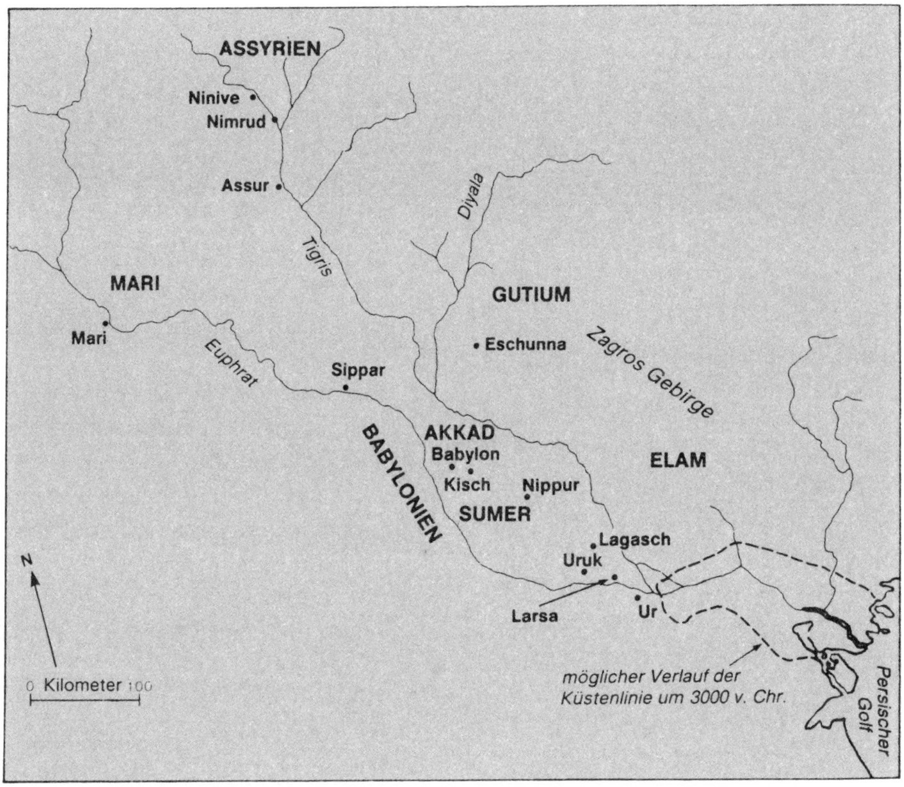

Herrschaftsgebiete entlang des Euphrat und des Tigris um 3000 v. Chr.

ihren Keilschrifttexten das Volk der Guti (Gutäer), Qurti oder Kurtie; ihr Land bezeichnen sie als Gutium, östlich des Tigris beginnend und sich über das gesamte Bergland ausdehnend. Sumerische Steinschwellen nennen ein Land Kar-da (oder Qarda), das sie südlich des Van-See lokalisieren, »neben den Leuten von Su«. Dieses Su könnte jene spätere kurdische Festung Suy bezeichnen, die in der ersten kurdischen Chronik Chéref-Name, gelegen in der Nähe der Stadt Bitlis, erwähnt wird.

Nach M. Müller wird ein Land Kar-da auch in einer Inschrift erwähnt, die Irnanna, der mächtige Oberwesir des sumerischen Königs Schusin, um 2000 v. Chr. auf zwei Türangelsteinen eines Tempelbaus in Girsu (dem heutigen Tello) in Südirak anbringen ließ.

Neben der Aufzählung seiner Titel und Funktionen ist dort erwähnt, daß er Militärgouverneur von Urbilum – dem heutigen Erbil –, Bezirksstatthalter von Hamazi und Karahar und Militärgouverneur der Su-Leute und des Landes Kar-da gewesen sei. Die genannten Orte und Gebiete liegen alle im Osttigris-Gebirge zwischen dem oberen Zab im Norden, dem Oberlauf des Diyala im Süden und dem Kamm des Zagros-Gebirges im Osten.

Vergleicht man diese sumerischen Zeugnisse miteinander, so ergibt sich mit dem Land Kar-da ein Territorium, das heute im wesentlichen die Zentralgebiete Türkisch- und Irakisch-Kurdistans darstellt.

Das Land Gutium oder Kar-da wird häufig in frühen Keilschrifttexten erwähnt. Anlaß mögen vor allem kriegerische Auseinandersetzungen gegeben haben, denn die Könige der Guti oder Kurdie werden als mächtig und gefürchtet beschrieben, demzufolge schien es sich bereits um ein größeres und kriegerisches Volk zu handeln, das einen nicht unwesentlichen Machtfaktor in der Region bildete.

Der sumerische König Sargon I. (ca. 2330–2280) ließ um 2350 v. Chr. voll Stolz auf einer Tafel festhalten, daß er das Land Gutium erobert habe. Und einer seiner Nachfolger pries sich, Aufstände der Guti in den Bergen unterdrückt zu haben. Vermutlich stellten die Berge für die an Ebenen gewöhnten Sumerer auch ein militärisch schwer zu lösendes Problem dar, denn die Guti erhoben sich fortwährend gegen die Sumerer, besiegten sie schließlich 2150 und bildeten runde einhundert Jahre die Vorherrschaft in einem Gebiet, das etwa dem heutigen Zentralkurdistan entspricht. Dieses Reich zerbrach jedoch bald wieder, aber babylonische und assyrische Könige haben immer wieder gegen dieses (eroberte) Bergvolk, das sich ständig erhob, gekämpft.

Sei es, weil sie sich generell weigerten, fremde Oberhoheiten anzuerkennen, weil sie den ihnen auferlegten Abgaben nicht nachkamen oder sich sträubten, Rekruten für die babylonischen oder assyrischen Heere zu stellen. Deren Könige antworteten darauf in der Regel mit neuerlichen Überfällen. So rühmt sich um 1100 v. Chr. der Assyrerkönig Tiglatpileser (1115–1076) auf einer Schrifttafel des militärischen Sieges über die Völker der Guti.

Manche Historiker nehmen an, daß die Guti (Gutäer) aus dem Zagros-Gebirge die Vorfahren der Kurden seien, ihr Land Gutium oder Kar-da somit das erste kurdische Staatsgebilde. Diese These läßt sich allerdings wissenschaftlich nicht belegen.

Ebenso verhält es sich mit dem Verweis auf die Lulubi (Lulubäer), die auch vielfache Erwähnung in den Keilschrifttexten seit dem 3. Jahrtausend v. Chr. finden. Dieses Gebirgsvolk, das sich im Gegensatz zu den großen Reichen noch im Stadium der zerfallenden Urgesellschaft befand, siedelte im Gebiet des heutigen Distrikts Sulaimania und betrieb vor allem Viehzucht. Jedoch war es in ständige Kriege mit den Sumerern und Assyrern verwickelt. Besonders unter den Assyrern galten Sklaven aus der Landschaft Lulu als besonders wertvoll, gesund und tüchtig. Geraubte Männer aus Lulu wurden so vor allem als Lastenträger gebraucht, während die Frauen auch wegen ihrer vielgepriesenen Schönheit auf den Sklavenmärkten nur für hohe Kaufpreise erhältlich waren. Aufgefundene assyrische Eheverträge sagen überdies aus, daß Assyrer, deren Frauen keine Kinder gebaren, nicht selten eine lulubische Sklavin als Nebenfrau nahmen, um Nachkommen zu zeugen.

Ansonsten wurde von den Lulubi als »Bergbewohner« oder »Barbaren« berichtet, eine Benennung, die generell den Gebirgsvölkern und -stämmen galt und von vornherein sehr verallgemeinerte. Einen Beleg für die direkte Herkunft der Kurden läßt sich hier nirgends erbringen. Wahrscheinlicher ist die Annahme der ethnischen Verwandtschaft mit den Elamäern, einem um 2500 v. Chr. bereits hochentwickelten Volk im südwestlichen Iran, die im 7. Jahrhundert unter die Herrschaft der Assyrer fielen und mit jenen dann ein knappes Jahrhundert später den Medern in dem bereits erwähnten Fall von Ninive unterlagen. Aus diesen, sich über große Zeitläufte ziehenden und eine Vielzahl von Völkern und Volksstämmen integrierenden Vorgängen jedoch eine direkte Genealogie herzuleiten, wäre ein äußerst fragwürdiges Unterfangen.

Der Druck der Skythen

Sie galten als ein gefürchtetes Reitervolk, kamen im 7. und 6. Jahrhundert v. Chr. vom Norden, von den Küsten des Schwarzen Meeres und des Kaspischen Meeres, und die Hufe ihrer Pferde wirbelten den Staub auf bis hinunter zu den Ebenen Palästinas. Sie errichteten Königtümer mit Kriegsgefolge, Priestern und Sklaven. Ihre Herrscher ließen eigene Münzen prägen, und ihre kultischen Tierornamente aus Gold und anderen Edelmetallen, die sogar die griechische und römische Kunst beeinflußten, zählen heute zu den auserlesenen Schätzen der berühmtesten Museen. Sie eroberten das Land der Meder und das Gebiet des heutigen Syrien und herrschten hier nach Herodot für 28 Jahre, von 653 bis 625 v. Chr. – die Skythen.

Die skythische Welle und ihr Vordringen in diese Region verursachte beträchtliche Völkerbewegungen. Einerseits wanderten mit den Skythen sicher verschiedene andere Stämme mit ein oder wurden von ihnen bis zur Vermischung aufgesogen, andererseits wichen vermutlich verschiedene dem Druck durch dieses Volk aus oder flohen vor ihm. Das Zentrum dieses Reiches vermutet der DDR-Iranist Burchard Brentjes im heutigen Iranisch-Kurdistan nahe der Ortschaft Saqqez und macht auf einen dort gefundenen Schatz aufmerksam, der assyrisches und skythisches Material enthielt und auch lokale Aussagen erlaubt. Danach könnte ein Dialekt, der nur im benachbarten Herwaman-Gebirgsmassiv gesprochen wird, das überdies schwer zugänglich ist, die Sprache einer damals in dieses Gebirge geflohenen Bevölkerung sein.

Der medische König Kyaxares befreite Medien von der 28 Jahre währenden Fremdherrschaft der Skythen, worauf diese sich vermutlich nach Norden zurückzogen.

In dem Zusammenhang weist ebenfalls Brentjes auf ein Zylindersiegel hin, das wahrscheinlich in dieser Zeit entstand und den Sieg Kyaxares über den Skythenkönig Madyes feiert, und dem er eine interessante und aufschlußreiche Interpretation entnimmt. Auf diesem Siegel sind zwei medische Krieger dargestellt, die gegen zwei skythische kämpfen. Doch tragen die Skythen, im Unterschied zu allen anderen Darstellungen skythischer Krieger mit unten geschlossenen Pluderhosen, auf jenem Zylindersiegel unten weit offene, in breiten Bahnen genähte Hosen.

Hosen dieser Art werden heute noch im Gebiet der Bahdinan-Kurden in der Südosttürkei und in Nordwestirak getragen. Ähnlich verhält es sich mit den dargestellten Mützen, die gegenwärtig noch gelegentlich als Winterkleidung anzutreffen sind. Das läßt Brentjes darauf schließen, daß die abgebildeten skythischen Krieger Bahdinan-Kurden sind.

Diese Ansicht kann geteilt werden; zumindest kann man davon ausgehen, daß es sich um Vorfahren der Bahdinan-Kurden handelt. Damit wäre auch die Annahme bestätigt, daß die Herrschaft der Skythen sich vor allem auf die Oberschicht beschränkte, die als eine Art »Königsskythen«, wie sie schon Herodot bezeichnete, über den übrigen skythischen und nichtskythischen Stämmen – unter ihnen teilweise Vorfahren der Kurden – standen.

Demnach hätte sich nach dem Sieg des Kyaxares über die Skythen nur deren Oberschicht nach Norden zurückgezogen, die übrige Bevölkerung wäre jedoch seßhaft geworden.

Das Reich der Meder

Bereits dreihundert Jahre bevor die Skythen vom Norden her einfielen, und zu der Zeit, da die Assyrer mit großer Brutalität begannen, sich ganz Vorderasien zu unterwerfen und ihr König Tiglatpileser – wie überliefert – fortwährend gegen die unbotmäßigen Guti in den Bergen kämpfte, also um das Jahrtausend vor der Zeitenwende, begann sich ein Volk an den nordöstlichen Grenzen Assyriens niederzulassen, dessen Siedlungsgebiet bald bis zum Kaspischen Meer reichte und den heutigen nordwestlichen Iran mit dem gegenwärtigen Aserbaidschan, Teheran und Isfahan zum Zentrum hatte.

Wiewohl diese Viehzüchterstämme doch in der Folgezeit eine immense Rolle für den gesamten vorderasiatischen Raum spielen sollten und auch einen der Ansatzpunkte für die Genealogie der Kurden darstellten, sind die frühen Nachrichten über dieses Volk der Meder und ihr Reich Medien äußerst spärlich. Ihre erste assyrische Erwähnung datiert auf das Jahr 836 v. Chr., jedoch kann man davon ausgehen, daß die Meder – eine Stammesgruppe iranischer Sprachzugehörigkeit – bereits ab dem Jahr 1000 v. Chr. mit ihrer Ausbreitung die verschiedenen Volksgruppen in ihrem Herrschaftsgebiet einschließlich der heutigen kurdischen Region assimilierten. Daß es sich hierbei nicht um eine formale Oberherrschaft handelt, sondern dieser Prozeß ein tiefgreifender war und bis zur Verschmelzung führte, beweist die Tatsache, daß die heutige kurdische Sprache deutliche Analogien zum Altmedischen aufweist. Hieraus resultiert auch die Annahme, die Meder seien die direkten Vorfahren der Kurden, und der doch recht fragwürdige Schluß, daß das iranische Großreich medischer Prägung der erste und größte kurdische Staat der Geschichte gewesen sei.

Zweifellos aber spielten die Kurden eine nicht unwesentliche Rolle im Zentrum dieses Großreiches. Besonders in den ständigen Kämpfen mit den

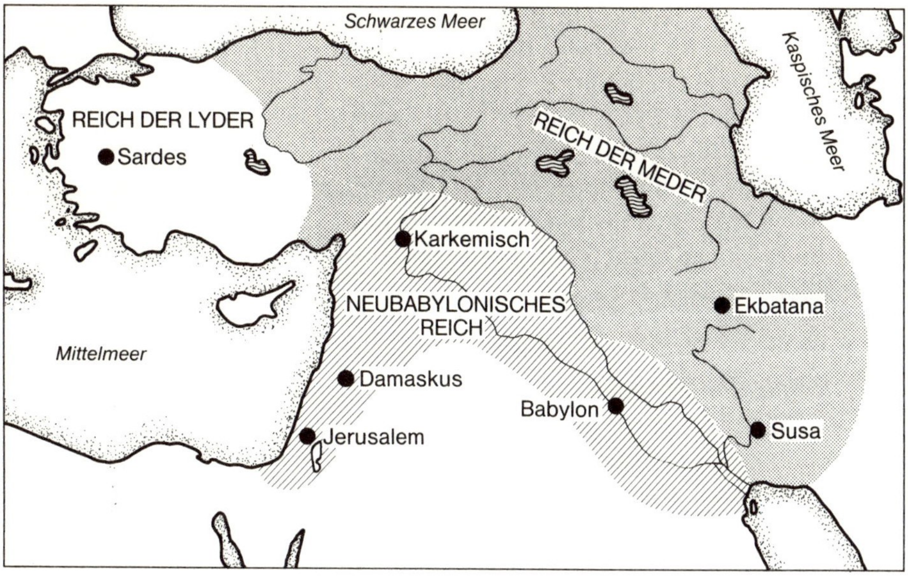

Das Reich der Meder

Assyrern gewann es seine größte Ausdehnung, dessen westliche Grenze etwa mit der des heutigen Kurdistan identisch ist, im Norden jedoch ganz Armenien einschloß und vom Schwarzen bis zum Kaspischen Meer reichte. Im Nordosten umfaßte es das gesamte Gebiet der Parther und dehnte sich nach Osten und Süden bis zu den Grenzen des gegenwärtigen Iran aus.

Auf dem Zenit seiner Macht stand das medische Großreich unter Kyaxares, der 625 v. Chr. die Skythen in dem legendären Feldzug in der Nähe des Urmia-Sees vernichtend schlug und schließlich 13 Jahre später mit der Eroberung Ninives die fast 2000 Jahre währende Vorherrschaft der assyrischen Könige endgültig zerbrach. Auf diesen Zeitpunkt wird vielfach der Beginn der Geschichte der Kurden datiert, hier setzt auch die Legende von Kawe dem Schmied ein.

Insgesamt hat das medische Großreich knappe einhundert Jahre eine dominierende Rolle gespielt, dann wurde es vom persischen Vasallenkönig Kyros II. (gest. ca. 529 v. Chr.) erobert, unter dessen Nachfolger Dareios I. (550–486) Persien für über 1000 Jahre ein unermeßliches Weltreich wird, dessen Grenzen von Libyen und Ägypten am Mittelmeer bis zum Indus im Westen und Tien-shan-Gebirge und Aralsee im Nordwesten reichen.

Nach Kyaxares haben die Meder nie wieder an geschichtlicher Bedeutung gewonnen. Nicht nur ihr Reich und ihre Macht zerfielen unter den persischen Großkönigen, sondern auch ihre verschiedenen Völkerschaften und Stämme lösten sich teilweise aus dem medischen Verbund.

Syrien und Assyrien, Babylon und Medien wurden von persischen Statthaltern regiert. Hinter den Bergen der Zagros-Kette aber und in fast unzugänglichen Tälern hielten sich Volksstämme, die dem Großkönig nicht untertan waren und eine Autonomie behaupteten – die Karduchen.

Die Bewohner der Berge

Sieben Jahre lang, so sagt es der jüdische Talmud, soll Abraham, der Vater Isaaks und Vorvater Jakobs in dem Land Qardu gelebt haben. Und die Wissenschaft weiß heute, daß Abraham ein nomadisierender Scheich war, der Mitte des 2. Jahrtausends vor der Zeitenwende von seiner in Nordsyrien gelegenen Heimat Ur nach Kanaan zog und dort seßhaft wurde.

Das Alte Testament nennt ebenfalls ein Land Qardu und seine Bewohner Qardawaye, auch fällt die Bezeichnung »Land Ararat Kurdistan«, aber vermutlich als Ergebnis späterer Überlieferung. Und Qardu mit seiner damaligen Hauptstadt Jezirat-ibn-Umar ist heute noch Siedlungsgebiet der

Kurden. Über die Bewohner jedoch, die Qardawaye, schweigen diese Lehren. Die Gutäer haben ihre Spuren in der Geschichte hinterlassen, doch ebenso wie die archäologische Hinterlassenschaft der Meder ist sie bis in die heutige Zeit äußerst dürftig, und eindeutige Funde sind selten geblieben. Das von den Skythen erhaltene Erbe erscheint zwar um einiges ergiebiger, doch läßt sich auch hieraus kaum wissenschaftlich Eindeutiges über den Ursprung der Kurden herleiten.

So hat die Geschichte die Namen der Könige festgehalten, das Erstarken und Verfallen ihrer Reiche, auch die vielfältigen Völkerbewegungen in und durch das riesige Gebiet. Über den Ursprung dieses Volkes aber, dessen Vorfahren unter anderem auch in den Tälern und Ebenen der Gebirge siedelten oder im Wechsel der Jahreszeiten nomadisierten, sagt die Geschichte nur wenig. Nicht selten lagen sie wahrscheinlich geschützt und kaum erreichbar für die Kriegszüge der Mächtigen. Und selbst wo deren Schwerter und Lanzen hinreichten, verblieben sie oft im Schatten der Ereignisse der wechselnden Herrscher und bewahrten sich so vermutlich Teile ihrer Individualität. So steht die Wissenschaft an dieser Stelle immer noch vor Fragen, auf die sie keine eindeutigen Antworten zu geben weiß.

Das mag zum einen auf den sehr spärlichen Charakter von Nachrichten über dieses Volk und dem völligen Fehlen von frühesten Selbstzeugnissen zurückzuführen sein; zum anderen auf die erfolgten Forschungen, die innerhalb der letzten anderthalb Jahrhunderte zwar sehr intensiv geworden sind, doch in verschiedenen Sprachen und mit sehr unterschiedlichen Methoden geführt wurden, die nicht selten zu widersprüchlichen Ergebnissen gelangten. So bleibt also am Ende Material nicht nur aus »zweiter«, sondern gar aus »dritter und vierter Hand«, aus denen es einen Rückblick zu zeichnen gilt.

Dieser Rückblick könnte folgendes konstatieren:

Lebens- und Siedlungsraum eines Teils der Vorfahren der Kurden dürften die heutigen Zentralgebiete Kurdistans gewesen sein. Aufgrund der unterschiedlichen Lokalisierungen in den Berichten der Sumerer, Babylonier und Assyrer handelt es sich im wesentlichen um drei Siedlungsgebiete, die voneinander getrennt waren und deren Bewohner weitgehend isoliert, unter urgesellschaftlichen Verhältnissen lebten.

Diese geographisch bedingte Isolation dürfte bis einschließlich der Herrschaft der Assyrer ethnographisch kaum verändert worden sein. Erst die Meder und Skythen, die mit ihrem Eindringen beträchtliche Völker- und Stammesbewegungen in Vorderasien auslösten, haben wahrscheinlich diese Isolation zum Teil aufgebrochen; Stämme beider könnten sich mit der ursprünglichen Bevölkerung vermischt haben. Somit wäre auch eine Erklä-

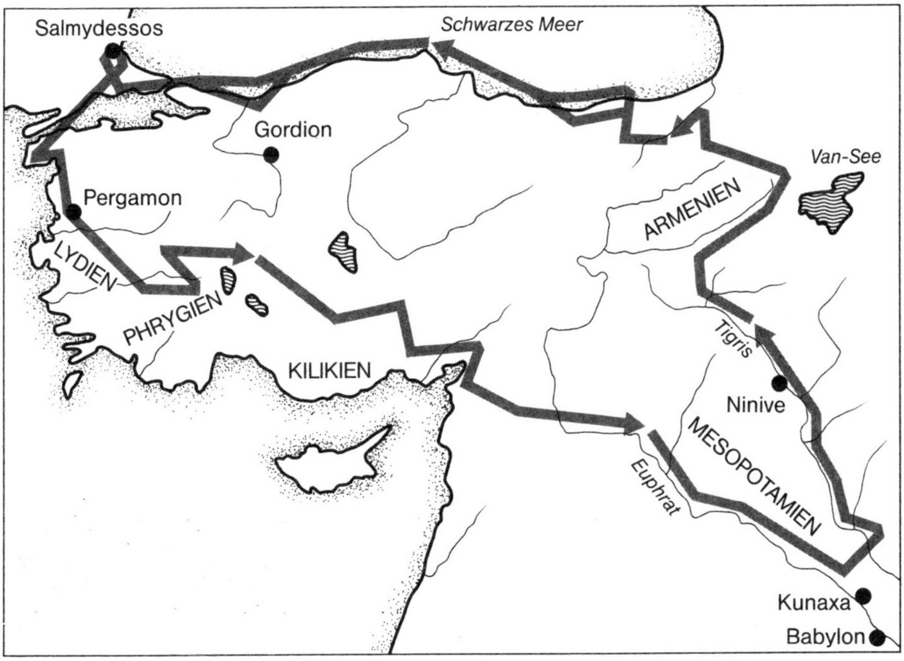

Die Marschroute der griechischen Söldner durch Kleinasien bis ins Zweistromland im Jahre 401 v. Chr. und der Rückzug der Truppen durch kurdisches und armenisches Gebiet und entlang der Schwarzmeerküste

rung gefunden für die Tatsache, daß sogenannte »Altkurden« erst unter den Skythen gegen die Meder gekämpft haben, um wenige Jahre später mit den Medern zusammen die Assyrer vernichtend zu schlagen.

Die Skythen mußten sich in den Norden zurückziehen, und das Reich der Meder wurde zerschlagen.

In den schwer zugänglichen Bergen aber verblieben Volksstämme, die den Persern hartnäckigen Widerstand boten, sich als autonom betrachteten, und die von nun an ein nicht mehr auszulöschendes Potential in der Geschichte der Völker Vorderasiens darstellen sollten – die Karduchen, die Vorväter der Kurden.

Xenophon und die Karduchen

»Dem Dareios und der Parysatis waren zwei Söhne geboren worden, ein älterer, Artaxerxes, und ein jüngerer, Kyros. Als nun Dareios krank lag und das Ende seines Lebens kommen sah, wünschte er, beide Söhne bei sich zu haben.«

So beginnt das erste Buch der *Anabasis* des Griechen Xenophon (ca. 430–355), von Beruf Offizier, Landwirt und Schriftsteller. Als sachkundiger Chronist beschreibt er die Ereignisse, die dem Tod des Perserkönigs Dareios – eines Nachfahren jenes Dareios I., der das persische Weltreich schuf – folgten.

Obwohl der jüngere Kyros zweifellos mit der Krone geliebäugelt hatte, erhielt sie der ältere Artaxerxes. Daraufhin zog Kyros, der Statthalter der westlichen Provinzen des Reiches an der Grenze zu den Griechen war, mit über 10 000 griechischen Söldnern gegen seinen Bruder in Babylon. In der Nähe der Hauptstadt stellten sich die Heere zum Kampf; Kyros fiel, und Artaxerxes behielt die Königskrone. Daraufhin begannen die Griechen einen schwierigen und verlustreichen Rückzug durch Kleinasien und an der Schwarzmeerküste entlang bis in ihre Heimat.

Allein die Tatsache, daß der den gesamten Rückzug begleitende Xenophon – zuerst als einer der Befehlshaber, später dann als Führer des Rückzuges – mit seinem Buch ein weit über den militärischen Aspekt hinausgehendes Zeit- und Geschichtsbild des Jahres 401 vor der Zeitenwende zeichnet, macht die »Anabasis« zu einem wertvollen historischen Zeugnis, das überdies ob seiner Erzählkunst eine interessante Lektüre darstellt. Dennoch wäre sie an dieser Stelle wenig von Belang, wenn nicht die griechischen Heerführer den folgenschweren Entschluß gefaßt hätten, den »Marsch der Zehntausend« über die Berge anzutreten, da er ihnen als der am wenigsten gefährliche erschien. Dieser Marsch Xenophons und der griechischen Söldner aber führte genau durch das Gebiet der Karduchen.

Als der persische Kronprätendent Kyros begann, gegen seinen Bruder und neuen König von Persien Truppen herbeizurufen und um sich zu sammeln, konnte dies natürlich nicht in aller Direktheit und Öffentlichkeit vor sich gehen, da Artaxerxes sonst vorzeitig gewarnt worden wäre. Also ließ Kyros überall verbreiten, er beabsichtige einen Feldzug gegen die Pisider, »die sein Gebiet beunruhigten«, zu unternehmen. Dies erschien anfangs auch glaubhaft, da der persische Statthalter schon mehrfach gegen dieses Volk im heutigen Irakisch-Kurdistan gezogen war, von dem Xenophon berichtet, daß es »im Lande des Großkönigs viele große und blühende Städte« bewohne. Denn die Pisider galten als recht kriegerisch und erhoben sich immer wieder gegen die persische Oberherrschaft. Da Kyros' Täuschungsmanöver letztendlich mißlang und er die Pisider unbeachtet ließ, geht auch Xenophon in seiner Chronik nicht weiter auf sie ein.

Interessant jedoch ist, daß heute in Irakisch-Kurdistan ein weitverbreiteter kurdischer Stamm lebt, der als Pischder bezeichnet wird und mit großer Wahrscheinlichkeit als deren Nachfahre gelten kann. Auch die kriegerische Mentalität der Pisider und ihre Auflehnung gegen jegliche Fremdherrschaft scheinen sich auf die Pischder vererbt zu haben, denn beispielsweise waren allein in diesem Jahrhundert, vor allem in den 20er und 40er Jahren und seit 1961, die Pischder an allen kurdischen bewaffneten Erhebungen maßgeblich beteiligt.

Kyros zog also direkt gegen Babylon, wurde in der Schlacht getötet, und seine über 10 000 griechischen Söldner traten den Rückzug an. Sie durchquerten die Tigris-Ebenen, stießen auf die von den Medern zerstörte assyrische Hauptstadt Ninive, doch nirgends auf dem Weg fanden sie Ruhe. Immer wieder wurden sie von den persischen Verfolgern angegriffen, darunter vielen »Barbaren«, wie Xenophon schreibt, Söldnern aus den Bergen, die ins persische Heer zwangsrekrutiert worden waren; gefahrvoll also und verlustreich war ihr Abzug.

Unsicher über den weiteren Verlauf des Marsches, verhörten die ortsunkundigen Griechen einige einheimische Gefangene. *»Diese nun sagten, der Weg gen Süden führe nach Babylon und Medien, durch das sie hergekommen seien, der gen Osten aber nach Susa und Ekbatana, wo der Großkönig, wie es heiße, den Sommer und Frühling zuzubringen pflege; überschreite man aber den Strom, so führe der Weg gen Westen nach Lydien und der sich über das Gebirge nach Norden ziehende zu den Karduchen. Diese, sagten die Gefangenen, bewohnten das Gebirge, seien kriegerisch und dem Großkönig nicht unterworfen.«*

Da die Griechen künftig möglichst unbeschadet in ihre Heimat zurückkehren wollten, der Weg in drei Himmelsrichtungen aber geradewegs durch das Reich der feindlichen Perser führte, denen sie gerade zu entkommen suchten, entschieden sie sich für den Weg nach Norden, durch das Gebiet der Karduchen.

Zwar warnten die Einheimischen, daß »einmal ein königliches Heer von hundertzwanzigtausend Mann in ihr Gebiet eingefallen, doch ... infolge der ungünstigen Bodenbeschaffenheit des Landes kein einziger zurückgekommen« sei. Dennoch vermeinten die Griechen in diesem Weg den günstigeren, erstiegen mit einiger Mühe die Berge und erreichten alsbald in den Tälern Dörfer.

Beim Herannahen der Griechen, berichtet Xenophon, verließen die Bewohner »ihre Häuser und flüchteten mit Weib und Kind auf die Berge. Lebensmittel aber konnte man in Menge finden; auch waren die Häuser reichlich mit ehernem Geschirr versehen.«

Die Griechen nahmen nur Lebensmittel, zerstörten nichts, verfolgten die Fliehenden auch nicht, »um zu versuchen, ob vielleicht die Karduchen, die ja Feinde des Großkönigs waren, sie unangefochten durch ihr Land ziehen lassen würden«.

Dieser Bericht Xenophons deckt sich auch mit den Aussagen älterer Nachrichten, in denen die Städte der Bergbewohner als groß und reich beschrieben werden und ihre Oberhäupter als mächtig. Offensichtlich erstaunte es Xenophon doch etwas, hinter den Bergen derart versorgte und eingerichtete Dörfer vorzufinden. Wichtig ist die auch den Griechen bekannte Tatsache, daß die Karduchen die Herrschaft der Perser nicht akzeptierten und deren Feinde waren.

Die Hoffnung auf einen ungefährdeten Marsch durch das Gebiet der kriegerischen Karduchen erfüllte sich jedoch nicht. »Die Karduchen aber hörten weder auf Zurufe, noch gaben sie sonst ein Zeichen von Freundschaft«; im Gegenteil – sie sammelten sich auf den schützenden Bergen und griffen die Griechen »mit Steinen und Pfeilen« an. In der Nacht entzündeten sie Feuer und beobachteten so jeden Schritt der Eindringlinge, und am Tage »schossen und schleuderten die Karduchen aus nächster Nähe« von den sicheren Anhöhen herab. Statt des sicheren Durchzuges durch die Berge hatte der Marsch der Griechen von Anfang an »das Aussehen einer Flucht«, wie Xenophon berichtet.

Verständlich die Hoffnung der Griechen, doch verständlicher noch die kriegerische und feindselige Haltung der Karduchen, hatte doch das Eindringen Fremder in ihr Gebiet seit jeher Krieg und Unterwerfung für sie bedeutet und ihnen die Erfahrung gelehrt, lieber gleich zu den Waffen zu greifen, statt Versprechen und Friedensbezeigungen zu glauben und am Ende darunter zu leiden.

Auch hatten die Griechen nicht mit einer derartigen Unzugänglichkeit der Berge gerechnet; in den schmalen Schluchten und über die kaum passierbaren Pfade mußten sie ihre großräumigen Schlachtordnungen, in denen sie sich sicher fühlten, auflösen und boten leichte Zielscheiben für die Karduchen, die vielfach riesige Steinblöcke die Abhänge hinab und auf die Feinde rollten. Nicht selten kamen sie nur vorwärts, indem sie Einheimische zwangen, ihnen begehbare Wege zu zeigen, was allerdings auch oft fehlschlug, da mancher Karduche sich lieber zu Tode foltern ließ, als den Feinden beizustehen.

Ebenso, wie sie in der Natur also einen unberechenbaren Feind vorfanden, standen ihnen die karduchischen Krieger mit unvorhersehbarer Taktik, Bewaffnung und Kampfeswut gegenüber. Xenophon berichtet: *»Dazu waren sie die trefflichsten Bogenschützen, und ihre Bogen waren fast drei, ihre Pfeile aber über zwei Ellen lang. Beim Abschuß spannten sie den Bogen, indem sie den linken Fuß auf das untere Ende setzten. Die Pfeile drangen durch Schilde und Panzer. Die Griechen knüpften, wenn sie ihrer habhaft wurden, Riemen daran und verwendeten sie als Speere.«*

Außerdem wußten die Karduchen sehr wohl ihre in vermutlich zahllosen Kämpfen erworbenen Erfahrungen zu nutzen. Zu genauester Kenntnis und Gebrauch der natürlichen Verteidigung kam eine Taktik, die im stetigen Wechsel von Angriff und Rückzug bestand und die Griechen zunehmend demoralisierte. »Die Feinde warteten ... den Angriff nicht ab, denn für einen Kampf in den Bergen waren sie zwar zu Angriff und Flucht gerüstet, nicht aber zum Nahkampf.« Der griechische Koloß war in diesen Bergen hilflos und gelähmt gegenüber den zahlenmäßig weit unterlegenen Karduchen.

An mehreren Stellen der »Anabasis« stellt Xenophon fest: »Hätte sich damals eine größere Zahl (Karduchen, Anm. d.V.) zusammengefunden, wäre ein großer Teil des Heeres der Vernichtung nicht entgangen.«

Nach aufreibenden Strapazen und tagtäglichen Angriffen der Karduchen hatten die Griechen schließlich die Berge hinter sich gebracht, und Xenophon resümiert: »Die Karduchen ..., obgleich keine Untertanen des Großkönigs, aber dennoch furchtbar genug, machten wir uns zu Feinden, weil wir uns gezwungen sahen, uns die Lebensmittel zu nehmen, da sie uns keinen Markt eröffneten.« Wiewohl Xenophon an noch anderen Stellen geringfügig irrt, hier erkennt er keinesfalls das volle Ausmaß der Ursachen mangelnder Freundschaft seitens der Bergbewohner. Allein die Tatsache, daß die Karduchen die Feinde der Perser waren, schien den Griechen Anlaß genug für eine Einigung. Die Karduchen aber hatten andere Erfahrungen gemacht; Xenophon und die Seinen waren für sie Eindringlinge wie viele andere vor ihnen auch. Der Marsch der Griechen nach Babylon und ihr Rückzug dauerten ein Jahr und drei Monate. Viele der Griechen verloren bereits in der Schlacht ihr Leben, viele auch danach; nicht wenige jedoch in den Bergen der Karduchen.

Xenophons »Anabasis« ist eine beeindruckende Chronik der Ereignisse vor der Schlacht bis hin zum »Zug der Zehntausend«. Nicht hoch genug aber können seine Aufzeichnungen über die Begegnung mit den Karduchen, ihre Charakterisierung und die Beschreibung ihrer Landschaft eingeschätzt werden. Er prägte den Begriff »Karduchen«, den er von den Armeniern übernommen hatte, einschließlich ihrer Pluralendung »χ«, somit wurde aus »kardu« durch ihn »Karduchen«. Mit diesem Namen und über die »Anabasis« traten die Vorfahren der Kurden wenige Jahrhunderte vor der Zeitenwende erstmals und umfassend in den Blickpunkt der Öffentlichkeit.

III. Von den »Barbaren« zu den ersten Fürstentümern

Alexanders Welten

Xenophon wird bis ins hohe Alter vor allem wegen seiner Verdienste beim »Zug der Zehntausend« hoch geehrt werden. Manchmal noch und in verschiedenen Schriften wird er über die Ereignisse dieses Feldzuges nachdenken und über die Länder im Osten, ihre teils unerschlossenen Weiten angesichts der Stadtstaatenenge Griechenlands. Doch bis zu seinem Tod wird er nicht ahnen, daß der Zug der Griechen gen Osten nur ein winziger Vorgriff angesichts dessen war, was sich wenige Jahrzehnte später von Makedonien her ausbreiten würde.

Kurz vor dem Tod Xenophons in Korinth wird 356 v. Chr. dem makedonischen König Philipp II. (ca. 382–336) in Pella ein Knabe geboren werden, dem er den Namen Alexander gibt, der »Männerabwehrer«. Aristoteles (384–322), der bedeutendste griechische Philosoph und Universalgelehrte, wird den Königssohn erziehen, der als 18jähriger seine erste große Schlacht gewinnen wird, sich – noch nicht 20 Jahre alt – die Krone Makedoniens aufsetzt, innerhalb eines Jahres Griechenland unter seine Herrschaft bringt und schließlich nach der Welt greift: Alexander III., genannt der Große.

334 v. Chr. überschreitet er den Hellespont, 333 zerschlägt er den »Gordischen Knoten« mit der Einnahme von Gordion, 332 fällt ihm Phönikien zu, zieht er in Damaskus ein, erobert ganz Palästina und nimmt Ägypten kampflos, wo er 331 eine Stadt gründet, ihr seinen Namen gibt (Alexandria), was den Auftakt für eine Vielzahl derartiger Gründungen bildet. Im gleichen Jahr zieht er durch die Libysche Wüste zum Oasentempel und Heiligtum Ammons, dessen Priester ihn als »Sohn Ammons« begrüßen und somit vergöttlichen.

331 v. Chr. sind Babylon und Susa, Persepolis und Ekbatana weitere Etappen zur Unterwerfung Persiens und der medischen Gebiete, und 329

Der Alexanderzug und das Reich Alexanders des Großen

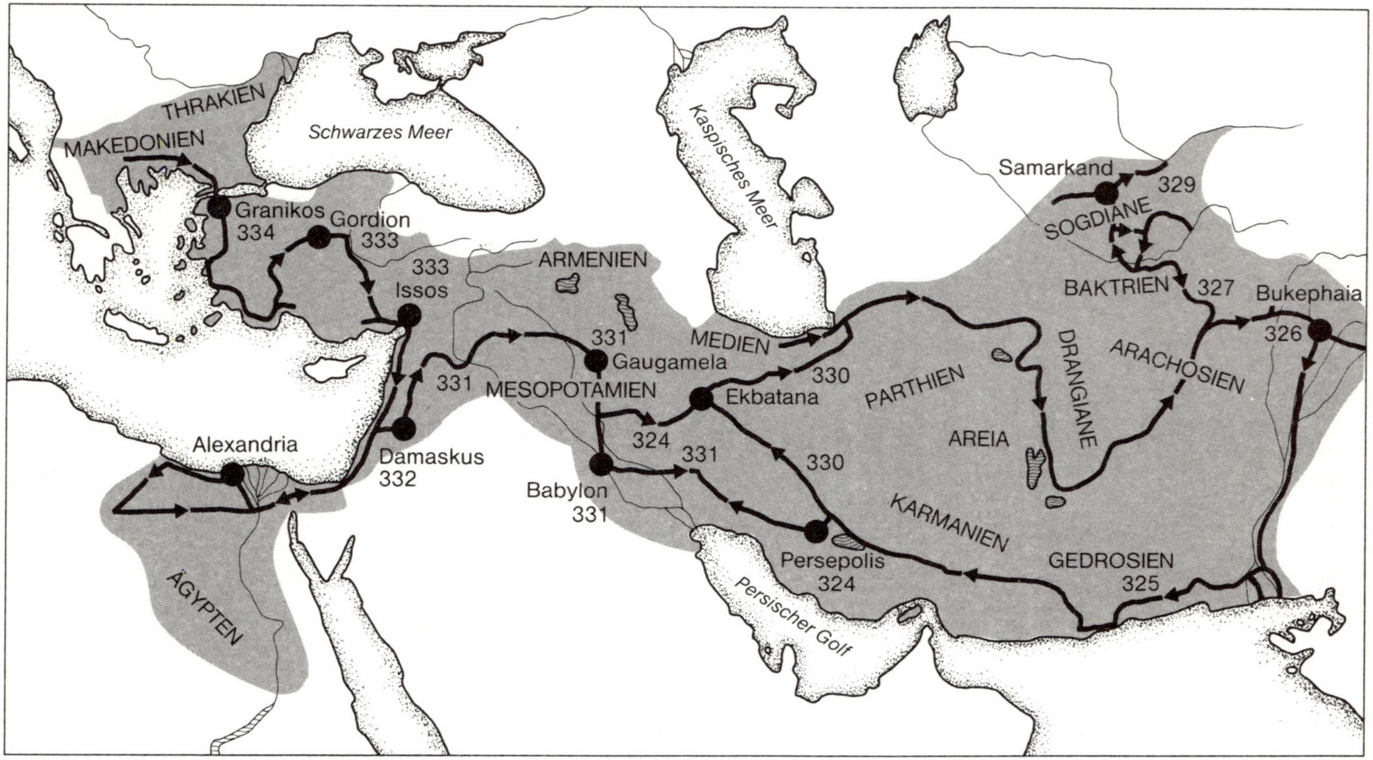

gehört ihm das Territorium des heutigen Usbekistan, das er 328 und 327 weiter nach Osten ausdehnt, um schließlich 326 den Indus zu erreichen und bis in den Pandschab vorzudringen.

Jedes Jahr mindestens eine Unterwerfung, ein Sieg, eine Stadtgründung, ein Land. Auf dem Höhepunkt der Macht herrscht Alexander über ein in solcher Größe noch nie dagewesenes, einmaliges Weltreich, das sich von der Mündung der Donau bis zu den Quellen des Nils erstreckt und vom Mittelmeer bis Indien. Doch sein Eroberungsdrang ist immer noch nicht gestillt. Arabien und Nordafrika sind seine nächsten Ziele. Zu einer Ausführung dieser Kriegszüge kommt es jedoch nicht mehr.

Anfang 323 zieht der Kaiser in Babylon ein, jener Stadt, die er zum Mittelpunkt seines Reiches machen wollte, und erkrankt nach einem Gastmahl – so sagt es die Überlieferung – an einem fast lapidar zu nennenden fieberhaften Infekt. Wenige Tage darauf und in seinem 32. Lebensjahr stirbt Alexander der Große. Sein Reich überlebt ihn nur kurze Zeit; seine Feldherren teilen das eroberte Weltreich unter sich auf.

Zu groß war Alexanders Traum von einem einheitlichen Reich und der Verschmelzung der Völker zu einem einzigen. Denn nicht nur die eroberten Völker widersetzten sich zunehmend, auch der Widerstand der Bevölkerung des Stammlandes, der Makedonier, wandte sich gegen eine derartige Gleichstellung, allen voran die Angehörigen des Heeres.

Dennoch sind gegenüber Alexanders militärischem Ruhm vor allem die Förderung von Handel und Verkehr, die Anlage unzähliger Siedlungen und Städte, der Einfluß griechischer Kultur und Wissenschaft bleibende Erfolge.

Gaugamela und keine Folgen

Im Frühjahr 334 v. Chr. überschritt Alexander mit 30 000 Mann zu Fuß und 5000 Reitern den Hellespont. Ihm entgegen zog der Perserkönig Dareios III. mit einem ungeheuren Heer, und bei Issos am Golf von Iskenderun kam es zur Niederlage der Perser. Das Lager sowie die Familie des Königs fielen in die Hand Alexanders, Dareios hingegen vermochte zum Euphrat hin zu fliehen, wo er eine neue Streitmacht sammelte. Wieder fanden sich die Heere zum Kampf, wieder wurden die Perser vernichtend geschlagen, wieder konnte Dareios fliehen, diesmal nach Medien. Diese für das Territorium so denkwürdige Schlacht fand in der Tigrisebene am Fuße der Berge der Karduchen unweit der Stadt Gaugamela im Jahre 331 v. Chr. statt.

Wenig ist der Nachwelt über diese ereignisreiche Zeit überliefert. Natürlich kann angenommen werden, daß mit der Niederlage der Perser auch die zwangsrekrutierten Einheiten der Karduchen zerfielen, daß sie in ihre Berge zurückkehrten oder sich mit den geschlagenen Persern zurückzogen; möglich wäre sogar, daß Alexanders Heer sie zum Teil in seine Reihen aufsog. So hypothetisch dieser Gedanke auch erscheinen mag, ist er nicht völlig unwahrscheinlich, denn spätere Historiker berichten in den Heeresaufstellungen der Griechen und Römer nicht selten von »Barbaren«, »Kyrtiern« oder »Medern«, »ausgesuchte Leute, vermischt mit Reitern von verschiedenen Völkern aus derselbigen Gegend«, heißt es beispielsweise bei Livius.

An anderer Stelle werden nochmals »300 von dem Volke der Kytrier« und »Kyrtische Schleuderer und Elimäische Bogenschützen, 4000 an der Zahl«, erwähnt.

Abgesehen von dieser einen Schlacht in direkter Nähe der Karduchen, wonach das Heer Alexanders nach Babylon weiterzog, scheinen keine großen militärischen Aktionen im Gebiet der Karduchen stattgefunden zu haben. Nebulöse und nicht eindeutig lokalisierbare Zeitaussagen berichten zwar einige Male von kleineren Heeresverbänden, die von Alexander in die Berge geschickt sein sollen; da jedoch der militärische Erfolg alles andere als glücklich gewesen sein soll, die Abteilungen entweder gar nicht oder stark angeschlagen zurückgekehrt seien, scheinen die Eroberer kaum Notiz von der Bevölkerung der Berge genommen zu haben. In der strategischen Gesamtkonzeption spielten sie vermutlich kaum eine Rolle; so verblieb im entstehenden Weltreich eine Insel, und hinter den Bergen verlief eine Entwicklung, die ebenfalls wenig Notiz von den Vorgängen der Weltgeschichte nahm.

Die Karduchen hatten sich in Stammesverbänden zum Teil seßhaft gemacht, zum Teil lebten sie weiterhin als Nomaden beziehungsweise Halbnomaden. Über ihren damaligen gesellschaftlichen Entwicklungsstand existieren sehr widersprüchliche Aussagen.

Während beispielsweise Diodor schreibt: »Sie hausen in Höhlen und nähren sich von Eicheln, Schwämmen und dem eingesalzenen Fleische der wilden Tiere«, berichtet Strabon (ca. 64–23): *»Am Tigris hingegen liegen die Ortschaften der Gordyaier, welche vormals Karduchen hießen, und ihre Städte Sarisa, Satalka und Pinaka, eine starke Veste mit drei Burgen, jede mit einer eigenen Mauer umschlossen, so daß sie gleichsam eine Dreistadt ist.«*

Und bei Xenophon fand sich in der Beschreibung der Dörfer für ihn verwunderlich, daß »die Häuser reichlich mit ehernem Geschirr versehen« waren.

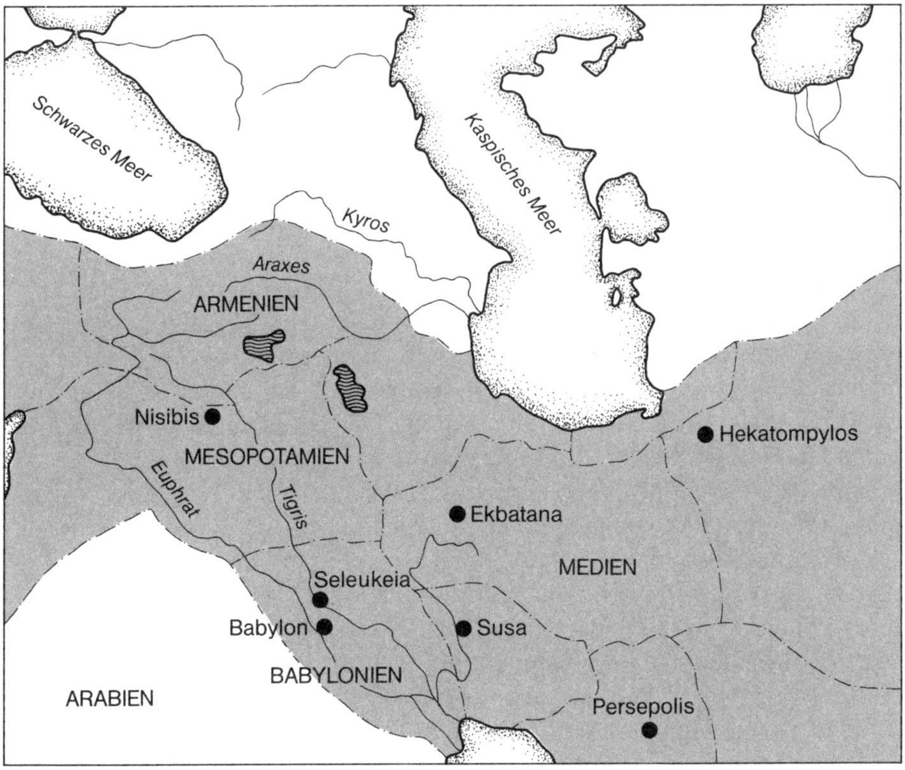

Die Satrapien Armenien, Mesopotamien, Medien und Babylonien um 323 v. Chr.

Diese unterschiedlichen Darstellungen berechtigen zu der Annahme, daß die Karduchen oder Altkurden keinen einheitlichen gesellschaftlichen Entwicklungsstand besaßen und daß sowohl urgesellschaftliche wie antike Verhältnisse anzutreffen waren.

Die Herstellung von Waffen läßt auf eine handwerkliche Produktionsweise schließen, die vermutlich in nur geringem Maße die Landwirtschaft, also Ackerbau und Viehzucht, beeinflußt haben mag. Der Gebrauch der Waffen zur Jagd, vor allem aber zu kriegerischen Zwecken, Verteidigung, Überfall oder Raub, förderte das Entstehen einer militärischen Demokratie, in der also nicht mehr der Älteste zum Oberhaupt gewählt wurde, sondern der Stärkste. Raub und Überfall stellten darüber hinaus eine Art ökonomischer Notwendigkeit dar, da ihre materiellen Verhältnisse wie ihr Entwicklungsstand recht rückständig waren. Die geringen Ackerbauflächen boten kaum eine Mehrproduktion, auch scheint die durch Überfälle eingebrachte Beute nicht groß genug gewesen zu sein, als daß sich durch Aneignung oder Verteilung neue Herrschaftsverhältnisse und damit neue Gesellschaftsverhältnisse hätten herausbilden können. Und über die globale Isolierung durch die Berge hinaus hat zweifellos auch die Isolierung der einzelnen Stämme voneinander – ebenfalls geographisch, aber auch stammesgeschichtlich bedingt – zu einer differenzierten Entwicklung beigetragen, die im Vergleich zu den umliegenden Gebieten und deren Entwicklungsständen nur in einem einheitlich war: in ihrer Rückständigkeit.

Zweifellos haben auch die genannten ökonomischen Verhältnisse dazu beigetragen, daß sich Karduchen – ähnlich wie die griechischen, später auch römischen Söldner – in fremden Heeren verdingt haben. Angesichts dessen ist das Paradoxon nicht auszuschließen, daß sie sich auch in jeweils bekämpfenden Heeren gegenüberstanden; so auch auf Alexanders wie auf Dareios Seite.

Von den Diadochen zu den Parthern

So wie in den Bergen des Zagros und Taurus jahrhundertelang die Zeit stehengeblieben war, während ringsum die Karduchen in allen vier Himmelsrichtungen epochale politische und wirtschaftliche Umwälzungen vonstatten gingen, so sollten auch weitere Jahrhunderte ihr Leben nur unmaßgeblich beeinflussen.

Nach dem fast als »Treppenwitz der Weltgeschichte« zu bezeichnenden Tod Alexanders des Großen, der zwar in vielen Schlachten zum Teil schwer verwundet wurde, letztlich aber an einer Infektion starb, nach dem

Tod des Kaisers also teilten sich seine Feldherren das Reich, die sogenannten Diadochenreiche (griechisch: Nachfolger) entstanden. Eine Beruhigung der politischen Geographie des Territoriums erbrachte dies jedoch keinesfalls. Vielmehr begann ein langjähriger blutiger Machtkampf um die Teilgebiete des ehemaligen Reiches, um die Oberherrschaft beziehungsweise um die Ausdehnung des eigenen Besitzes.

Fast analog zur Gegenwart teilten sich vier Reiche auch in das Gebiet der Karduchen: Die Diadochie Mesopotamien als größte reichte im Norden bis zu den Höhen des Anatolischen Taurus, daran schloß sich Armenien an, den nordöstlichen Teil der alten medischen Gebiete bildete die Diadochie Medien, und die vierte lag im Süden um die alte gleichnamige Hauptstadt Babylon. Von diesen vier Reichen sollte jedoch nur eines für die weitere Entwicklung maßgeblich werden.

In einer fast unvorstellbaren Abfolge von Kriegen der etwa ein Dutzend Diadochien zerfiel das alte Alexanderreich; Bündnisse der ehemaligen Feldherren unter- und gegeneinander überstanden kaum eine Schlacht, stets wechselten die Allianzen, jeder war ausschließlich auf seinen Vorteil bedacht. Aus diesen sich ständig verändernden Konglomeraten entwickelten sich die hellenistischen Staaten, von denen das Reich der Seleukiden – benannt nach den Königen – mit einer Ausdehnung von Kleinasien bis nach Indien das größte werden sollte.

Seleukos I. (etwa 358–281), auch Nikator (»der Siegreiche«) genannt, war unter Alexander Befehlshaber der Reiterei und Stadthalter von Medien und Babylon und mußte eine Vielzahl von Siegen erkämpfen, bevor er sich die Krone der Satrapie Babylon aufsetzen konnte. Mit allen zur Verfügung stehenden Mitteln der Macht dehnte er sein Reich rasch von Kleinasien bis nach Indien aus. Zwar verwandten er und seine Nachfolger große Anstrengungen zur wirtschaftlichen Belebung des Reiches, beispielsweise wurden die alten Bewässerungssysteme der Mesopotamier rekonstruiert, die Viehzucht intensiviert und auch der Ackerbau gefördert. Doch eine Fülle von Machtkämpfen um die Krone schwächten einerseits das Reich, andererseits erhoben sich in allen Gebieten des Vielvölkerstaates fortwährend einzelne Stämme, die auch die über das ganze Reich verteilten Garnisonen auf die Dauer nicht niederhalten konnten. Auch die Bewohner der karduchischen Berge widersetzten sich ständig. Und da auch die äußeren Feinde zusehends über die Grenzen einfielen, vom Westen die Römer, vom Norden die Parther, waren nach wenigen Generationen der Seleukidendynastie die Tage des Reiches gezählt.

Die Parther, ehemals in das Reich Alexanders eingegangen, befreiten sich unter den Seleukiden und bildeten eine eigene Herrschaft über weite

Teile des iranischen Hochlandes und Mesopotamiens, welche jedoch ebenfalls keinen nennenswerten Einfluß auf die altkurdischen Stämme ausüben konnten, sieht man von dem schon erwähnten Wechsel der Erhebungen und deren Niederschlagungen einmal ab.

Um 60 v. Chr. stehen die Römer unter Pompejus magnus (106–35) das erste Mal auf dem Boden der Altkurden, wo sie das Seleukidenreich zwar unabhängig von den Parthern, aber letztlich doch gemeinsam mit ihnen vernichten.

Rom verfügt zu diesem Zeitpunkt bereits über ein Söldnerheer, also über Soldaten, die sich freiwillig gegen Sold einem Heerführer anschließen. In diesem Zusammenhang tauchen für die Folgezeit immer wieder Nachrichten von »Kyrtiern« oder »Medern«, auch »Barbaren« unter den römischen Söldnern auf, womit hier zweifellos vor allem die Altkurden oder Karduchen gemeint sind. In der Folgezeit kommt es immer wieder zu Gefechten der Römer gegen die Parther mit wechselseitigen Siegen, später auch zu Kämpfen gegen die wieder erstarkten Perser, wobei vermutlich auf seiten der Römer die landeskundigen Söldner aus den Bergen eine nicht unwesentliche Rolle spielten.

In seinen größten Ausdehnungen schließt das Römische Reich um 115 nach Chr. mit den Gebieten Mesopotamiens auch den Taurus und die Zagros-Gebirgskette ein. Außer dem indirekten Einfluß teils zurückgekehrter Söldner, die dann in der militärischen Demokratie der Altkurden eine Rolle gespielt haben könnten, was jedoch nicht belegbar ist, haben die Römer wie die meisten anderen Völker vorher keinerlei beständige Macht über die Stämme in den Bergen gehabt, ganz abgesehen von etwaigen hinterlassenen Spuren.

Unter den Sassaniden

Noch während der Herrschaft der Parther waren in den Hochländern des westlichen Iran Stämme erstarkt. Ihre Vorfahren, die bis auf das Geschlecht der Achämeniden zurückgehen, verloren unter Alexander dem Großen jegliche politische und militärische Bedeutung und lebten zurückgezogen eine eigene wirtschaftliche und kulturelle Entwicklung. Dies war vor allem unter den Parthern kein Einzelfall. Ebenso zurückgezogen wie die Karduchen in den Bergen des Zagros existierten noch viele andere Stämme und Völker innerhalb des sehr unterschiedlich entwickelten Landes, dessen von inneren Machtkämpfen zerrüttete Zentralgewalt das Reich niemals ganz einigen konnte.

Das durch die Römer geschwächte Reich zerfiel schließlich vollends unter dem Ansturm der Stämme aus den Hochländern des südwestlichen Iran – der Sassaniden.

Von diesem Volk, das ab Mitte des 3. Jahrhunderts nach der Zeitwende das Territorium beherrschte, existieren vor allem Münzfunde und schriftliche Belege zu Rechtsfragen, die sogenannten *Madigan i Hazar Dadistan,* die manche Aussagen erlauben, welche Analogschlüsse zum Leben der Karduchen zu dieser Zeit zulassen. Mit den Sassaniden taucht erstmals seit langer Zeit, seit den Medern und Skythen, wieder ein Volk auf, das zweifelsfrei einen Einfluß auf die gesellschaftliche und wirtschaftliche Entwicklung der Karduchen genommen hat.

Das Reich der Sassaniden war eine vielschichtige Klassengesellschaft. An ihrer Spitze stand der König mit den Stützen seiner Macht, dem Heer und den Priestern, dem folgten in der Rangordnung Gutsbesitzer, freie Bauern und Handwerker, und am Ende standen die halbfreien Bauern und Sklaven.

Der König stammte immer aus dem Geschlecht der Sassaniden, wobei eine der Grundforderungen war, daß er keine körperlichen Mängel haben durfte, ganz im Gegensatz beispielsweise zu der Zeit der Diadochen, in der auch körperlich oder geistig behinderte Herrscher die Krone trugen.

In den einzelnen Provinzen regierten nicht selten ansässige Fürsten, die sich den Sassaniden unterworfen hatten und eine begrenzte Selbständigkeit beibehalten konnten. Da sie gleichzeitig ein bestimmtes Kontingent Soldaten dem Heer des Reiches zur Verfügung zu stellen hatten, bestanden nicht wenige Abteilungen aus »Barbaren«, das heißt aus Karduchen und anderen Bergstämmen, die – obwohl sie nur zu den Hilfstruppen zählten – einen ständigen Unsicherheitsfaktor darstellten, da sie in erster Linie ihren einheimischen Befehlshabern gehorchten.

Es existierte eine staatliche Verwaltung, die unter anderem ein kompliziertes System von Steuern und Abgaben regulierte. Handwerker und Bauern hatten eine Vielzahl von Steuern, genannt seien nur Boden- und Kopfsteuer, zu entrichten, dazu kamen vor allen Dingen Abgaben in Form von Naturalien. Einerseits ist überliefert – und aus Münzfunden beziehungsweise Schriften zu ersehen –, daß das Handwerk eine gewisse Meisterschaft erlangt hatte, andererseits zwang die mehrfache Belastung durch Steuern und Abgaben an Territorial- und Zentralgewalt nicht wenige der Freien in die Sklaverei. Familien mußten manchmal Mitglieder regelrecht verkaufen, um anstehende Schulden zu begleichen. Auch wurden Rechtsbrüche nicht selten auf diese Weise bestraft. Die Gutsbesitzer hielten sich Sklaven für Haus- und Feldarbeit, die Handwerker ebenso, und in den eroberten Gebieten wurden oft ganze Dörfer versklavt, deren Bewohner zum Teil verkauft, zum Teil bei der Durchführung zentraler staatlicher Projekte, wie etwa der Melioration, eingesetzt wurden.

Trotz all dieser Erscheinungen setzt in dieser Zeit vermutlich die Ausbreitung der Karduchen über die Berge hinaus auf die Ebenen ein, wo sie als Bauern oder Handwerker seßhaft werden. Nach wie vor herrscht hier die Ordnung der Großfamilie vor; Belege für die Sklavenhaltung sind jedoch auch in späterer Zeit nicht zu finden. Andererseits wurden die Sklaven aus den Bergen ob ihres Arbeitsvermögens recht hoch gehandelt.

Wenn auch die Karduchen in dieser Zeit nicht auf der hohen Zivilisationsstufe der Völker der mesopotamischen Gebiete standen, so kann dennoch angenommen werden, daß die Nachrichten über das Leben der Völker unter den Sassaniden in vielem auch auf die Karduchen zutrafen.

Der Kampf zwischen Ormuzd und Ahriman

Die Altiraner nannten ihn Zaratuštra und die Griechen Zoroastres, er gab einer ganzen Religion den Namen, die Gelehrten jedoch stellten lange Zeit seine Existenz in Frage, und der Philosoph Friedrich Nietzsche machte ihn als Zarathustra im ausgehenden 19. Jahrhundert mit seinen philosophischen Schriften zu einem Begriff für die Deutschen.

Der Überlieferung nach, die vieles im Dunkel der Vergangenheit beläßt, lebte Zarathustra vermutlich im 8. Jahrhundert vor Christus im Ostiran. Er war Priester und adliger Viehbesitzer mit geringem Vermögen und wandte sich in seiner Religions- und Gesellschaftskritik gegen die herrschenden Zustände, die von blutigen Kultopfern und raubgierigen Priestern und Adligen geprägt waren und unter denen die Masse der einfachen Bauern und Viehzüchter zu leiden hatte. Seine überaus weltlichen Forderungen nach sozialer Gerechtigkeit, der Achtung der Arbeit und dem Schutz und der Pflege von Vieh und Boden kleidete er in eine religiöse Vorstellungswelt, deren Grundgedanken anfangs mündlich überliefert wurden, später ihre Niederschriften im *Awesta* fanden, einer Sammlung von Lithurgien und Lehrtexten, deren Großteil jedoch vor allem mit Beginn der Islamisierung verlorenging.

Obwohl die progressiven Predigten Zarathustras verständlicherweise wenig Anklang bei den Priestern und reichen Adligen fanden, die ihn zeitweise sogar verfolgten und ins Exil trieben, breitete sich seine Lehre rasch aus.

Laut Zarathustra kämpfen in der Welt die *Mächte des Lichtes* um den guten Gott *Ormuzd* gegen die *Mächte der Finsternis,* an deren Spitze der böse

Geist *Ahriman* steht. Alle irdischen Wesen und selbst die Naturkräfte sind Teil dieses unversöhnlichen Dualismus und werden in Schöpfungen Ormuzds beziehungsweise Ahrimans eingeteilt. Die Pflicht des Menschen, des Gläubigen, ist es, in diesem Kampf Ormuzd und den Mächten des Lichts, also der »guten Religion«, in jeder Weise – das heißt mit Gedanken, Worten und Taten – beizustehen. Zu diesen guten Taten gehören etwa die kultivierende Arbeit der Bauern, die Pflege, Aufzucht und der Schutz der Herden durch die Viehzüchter, der friedliche Handel und das nutzbringende Handwerk sowie die Einhaltung der Sauberkeit und die Bekämpfung von Ungeziefer. Die Achtung der Familie, der Sippe, des Stammes sind ebenso festgeschrieben wie die Ehrfurcht vor den segensreichen Naturgewalten.

So heißt es beispielsweise im Awesta: *»Verehrung wird mir von demjenigen dargebracht, der alle Schöpfungen des Ormuzd mit Wohlwollen anschaut und niemand mit Übelwollen anschaut ... Du mögest meine guten Gedanken mehren, oh Herr, mach mich mit mehr tugendhaften Gedanken versehen und du mögest also meine Gerechtigkeit mehren ...«*

An vielen Stellen des Awesta offenbart sich der eindeutig praktische Nutzen dieser Religion; »... den in gutem Zustand befindlichen Pfad verehren wir; den Teich Zaranumant verehren wir; den mazdageschaffenen Berg Saokanta verehren wir.« »... Das goldene Instrument verehren wir, durch welches die Feuchtigkeit des Frühlingstaus von unter der Erde emporkommt ...« und »... verleih uns das Fleisch und den Besitz des eigenen Essens, ein Brot soll uns gehören. Und das soll uns vor der eigenen Sache gehören.« Dies sind in religiöse Gebete gekleidete Forderungen an die Gläubigen, hinter denen unverkennbar sozialökonomisches Denken stand.

Andererseits sind im Awesta auch eindeutige, nach Ständen und Klassen getrennte Funktionsbestimmungen gegeben. So heißt es beispielsweise, daß *»die Priester mit dem Priestertum bekannt sind, die Krieger mit dem Kriegertum bekannt sind, die Bauern mit dem Bauerntum bekannt sind. Die Priester haben diese Opferdurchführung als Pflicht. Und ihr Kriegsdienst ist das Erschlagen der Lüge und des bösen Geistes. Und ihr Bauerntum ist, Essen zu produzieren. Bauerntum bedeutet, Waffen und Werkzeuge zu verfertigen und bereit zu machen. Kriegsdienst bedeutet, Religionsangehörige und Lüge getrennt zu halten.«* Natürlich hatte diese Religion auch einen ins Jenseits gewandten Aspekt. Der Kampf des Lichtes gegen das Dunkel wurde nur auf eine bestimmte Dauer (9000 Jahre) festgesetzt, dann würde Ormuzd endgültig siegen und die Herrschaft des Guten beginnen. Bis dahin hatte sich der Mensch entsprechend zu verhalten. Über dieses Verhalten, so sagte es die Lehre, hätte der Mensch nach seinem Tode Rechenschaft abzulegen;

seine Seele würde über die *Tschinvat,* die »Brücke des Richters«, gehen und in Anbetracht der guten und schlechten Taten entweder ins Lichtreich eingehen oder in das Reich des Dunkels, die Hölle, fallen. Das endgültige Urteil sollte ein jüngstes Gericht fällen, vor das dereinst alle Menschen gestellt werden würden.

Damit wurde für die Gläubigen neben den vielfältigen Geboten nochmals eindringlich eine Warnung ausgesprochen, andererseits aber auch der Hoffnung Ausdruck verliehen, daß eventuell erlittenes Unrecht, wenn auch nicht zu Lebzeiten, seine gerechte Strafe finden würde.

Anfänglich wurden Kulthandlungen, in deren Mittelpunkt die Verehrung des Feuers als Symbol der Reinheit und des Gottes Ormuzd stand, unter freiem Himmel zelebriert. Mit dem Erstarken der Religion, vor allem mit ihrem Festschreiben als Staatsreligion besonders seit der Herrschaft der Sassaniden, die neben dem ökonomischen Nutzen in ihr sehr wohl eine mögliche Stütze ihrer Macht erkannten, traten immer mehr streng festgelegte Riten, Zeremonien und ein kompliziertes System von Opferungen in den Vordergrund. Tempel entstanden, die regelmäßige und beträchtliche Einkünfte von der Bevölkerung verlangten, sich bald ausgedehnte Ländereien aneignen konnten und so selbst ein beträchtliches Machtpotential mit den Priestern an der Spitze bildeten. Nur die Priester durften – stellvertretend für die Bevölkerung – religiöse Handlungen durchführen, was sogar so weit ging, daß Strafen ausgesprochen wurden für Verstöße gegen die breitgefächerten Gebote der Religion. So wundert es nicht, daß auf die Dauer ein Machtapparat entstand, der auch Bildung und Gerichtsbarkeit vereinnahmte und so die Gläubigen – letztlich immer im Sinne der Erhaltung der Herrschaft – vollends überwachte. Es war so bald ein religiöses System entstanden, das als Zoroastrismus – benannt nach seinem ersten Verkünder – und Staatsreligion nur noch wenig gemein hatte mit seinen ursprünglichen Anliegen.

Unter diesen Umständen konnte es kaum ausbleiben, daß sich sozialer Protest vor allem auch religiös ausdrückte. Verschiedene Glaubensrichtungen traten auf. Der Manichäismus, benannt nach seinem Begründer Mani (216 – ca. 276), war vermutlich die wichtigste. Alle diese religiösen Bewegungen waren dadurch charakterisiert, daß sie zum einen gegen die herrschende Religion antraten, zum anderen ein kompliziertes Konglomerat bestehender Religionen – vom Christentum bis zum Buddhismus – darstellten, die nicht selten durchsetzt waren von archaischen Kulten. Ihres antiklerikalen, letztlich also auch den Staat gefährdenden Charakters wegen verfolgten die Sassaniden diese Prediger und Glaubensgemeinschaften – Mani selbst endete im Kerker –, doch vermochten sie nicht deren völlige

Unterdrückung oder Auflösung herbeizuführen. Auch in den Jahrhunderten danach, selbst mit dem Einbruch des Islam, erschienen immer wieder neue »Propheten« und verkündeten volkstümliche Lehren, die rasch populär wurden, sich jedoch nie lange am Leben erhalten konnten. Daß dieses Phänomen bis in die Gegenwart hineinwirkt, beweist das bereits erwähnte Erscheinen eines »Propheten« in Irakisch-Kurdistan in den 50er Jahren dieses Jahrhunderts.

Mitte des 7. Jahrhunderts nach Christus zerfiel das Reich der Sassaniden. Innere Machtkämpfe, fortwährende Autonomiebestrebungen ganzer Völker und eine zerbröckelnde Staatsreligion haben sicher einen Teil dazu beigetragen. Von einer einstmals reichen Literatur und hochentwickelten Kultur ist kaum etwas geblieben, nur einige Münzfunde und wenige Schriften künden von der untergegangenen Herrschaft, die vor allem den anstürmenden Arabern nicht standhalten konnte.

Lange jedoch haben sich Rudimente einstiger Religionen in den kurdischen Bergen erhalten. Sogar heute kann man in den Hochtälern Irakisch-Kurdistans Glaubensgemeinschaften antreffen, deren Rituale unverkennbar eine zweitausendjährige Geschichte und Tradition offenbaren. »So ist dies dein kräftiges Feuer, o Ormuzd«, steht im Awesta geschrieben, um das sich »die geistigen Yazds zu Hunderten und Tausenden sammeln«. So sammeln sich wie vor vielen, vielen hundert Jahren noch die Jesidi in den Tälern, heilige Flammen schlagen zum Himmel, und Rituale werden zelebriert, als wäre die Zeit stehengeblieben.

Unter dem Banner des Propheten

Erstmals hatte Xenophon ausführliche Nachrichten über die Karduchen in die Welt gebracht, er hatte sie selbst erlebt und fürchten, aber auch achten gelernt. Dann kam der persische Großkönig Dareios, doch auch er vermochte die freiheitsliebenden, kriegerischen Stämme nicht zu unterwerfen. Alexander der Große umging die Gebirge der Altkurden vorsorglich auf seinen Eroberungszügen und streifte sie nur, und auch Griechen und Römer hatten nie vollends von ihnen Besitz ergreifen können. Ebenso waren das Reich der Parther und die Sassanidenherrschaft gekommen und gegangen – die Stämme in den Bergen jedoch waren geblieben und hatten sie alle überdauert. Nun jedoch drangen die Araber vor, und mit ihnen sollte sich eine entscheidende Wende in der Geschichte der Kurden vollziehen.

Mit der arabischen Eroberung gibt es nun auch wieder ausführlichere Nachrichten über die Kurden, und nicht selten spielte dieses Volk eine wichtige Rolle bei politischen Ereignissen in der Zeit vom 7. bis 11. Jahrhundert oder gab gar den Anstoß dazu.

Als im Jahre 632 Abul Kasim Muhammad ibn Abdallah, genannt Mohammed, der Prophet Allahs und Begründer des Islam, in Medina starb (geboren 571), war das zum Heiligtum ernannte Mekka bereits erobert und Zentrum des muslimischen Gemeinwesens, die Eroberung Arabiens und seine riesige Ausdehnung sowie der Siegeszug des Islam standen noch bevor. Doch bereits Jahrzehnte und Jahrhunderte früher hatten die Kurden Bekanntschaft mit den Arabern gemacht. Schon die Diadochendynastien hatten sich der militärischen Schlagkraft der Kamelnomaden versichert, und über die »Weihrauchstraße«, einen der ältesten Handelswege, waren arabische Karawanen bis nach Mosul vorgedrungen; auch gab es seit Jahrhunderten einige arabische Besitzungen im Einzugsgebiet der Kurden, wovon das Sonnenheiligtum Hatra westlich des Tigris an der Nordgrenze des heutigen Irak, eine gut befestigte und reiche Stadt, am bekanntesten war. Kontakte also sowohl feindlicher wie friedlicher Art.

Nach dem Sieg des Islam auf der arabischen Halbinsel, der die vormaligen polytheistischen Religionen durch die monotheistische, auf den Glauben an den einen und einzigen Gott Allah basierende Religion verdrängt hatte, riefen die Muslims zum *gihad* auf, zum »heiligen Krieg«, der gegen alle Ungläubigen geführt werden sollte, um sie zum Islam zu bekehren. In Wirklichkeit war dies nur die ideelle Begründung für militärische Expeditionen, die im wesentlichen zwei Absichten verfolgten: die Eroberung des sogenannten »Fruchtbaren Halbmondes« im Norden der arabischen Halbinsel, an den sich die ebenfalls reichen Herrschaftsgebiete der Sassaniden und Byzantiner anschlossen, und zweitens die Beilegung der Differenzen, die nach dem Tode Mohammeds über der Frage nach der Nachfolge des Propheten entstanden waren. Wie zu allen Zeiten versuchten auch die Muslims, innere Schwierigkeiten durch außenpolitische Erfolge und die Aussicht auf reiche Beute beizulegen. So wurden im Namen der Religion Kriege geführt, hinter denen ganz eindeutig materielle und machtpolitische Interessen standen.

Im Verlaufe von nur wenigen Jahrzehnten eroberten die arabischen Heere ein riesiges Territorium, das unter anderem die Herrschaft der Sassaniden endgültig von der Landkarte verschwinden ließ (637). Dabei trafen Araber und Kurden vielfach und nicht nur ausschließlich als Feinde zusammen.

634 wurde Omar, »der Beherrscher der Gläubigen«, zweiter *Kalif* (Nachfolger), also religiöses und weltliches Oberhaupt des islamischen Reiches. Hatte sein Vorgänger das Reich bis zum sogenannten »Fruchtbaren Halb-

mond« ausgedehnt, sollten nun weitere entscheidende Eroberungen, die vor allem auch kurdisches Gebiet betrafen, folgen.

637 rückte sein Heer erstmals zu entscheidenden Schlachten nach Norden vor. In der Nähe der Stadt Qadisiya westlich des Euphrat traf er mit 5000 Soldaten auf die Perser, die in einer dreitägigen, blutigen Schlacht völlig aufgerieben wurden. Damit war der Weg zum Tigris frei; fast ungehindert zogen sie nach Ktesiphon und Suleikia, der alten Winterresidenz der Sassanidenkaiser, wo ihnen bei der Plünderung unerhörte Reichtümer in die Hände fielen.

Im gleichen Jahr, nach der Eroberung von Takrit und Hulawan, trafen sie zwischen Euphrat und Tigris auf kurdische Verbände, konnten jedoch ohne nennenswerte militärische Auseinandersetzungen das Gebiet um Mosul besetzen, dessen Einnahme dann 641 erfolgte. Weiter jedoch wagten sich die Wüstensöhne vorerst nicht, zu ungewohnt waren ihnen die Berge und Schluchten.

Darüber hinaus leisteten die Kurden ab 639 in Khuzestan heftigen Widerstand gegen die Eindringlinge. In der Hoffnung auf eine Stabilisierung der autonomen Rechte nach dem Sieg ergriffen sie die Partei des persischen Stadthalters von Ahvas. Khuzestan konnte jedoch dem arabischen Ansturm nicht standhalten. Dennoch banden die kurdischen Stämme über längere Zeit beträchtliche Abteilungen Omars, der immer wieder lokale Erhebungen der Kurden blutig niederschlagen ließ. Ebenso erging es ihnen im alten persischen Stammgebiet Fars, wo sie 642, wieder gemeinsam mit den Persern, die Städte Fasa und Darabdjird zu halten versuchten. Nur das Gebiet um Samarra nördlich von Bagdad vermochten die Kurden zeitweise zurückzuerobern. Doch wie so oft kam den Arabern die Uneinigkeit der einzelnen Völker und Stämme zu Hilfe, von denen auch einige zum Islam übertraten, immer in der Hoffnung, daß die freiwillige Unterwerfung ihnen wenigstens partielle Selbständigkeit erhalten würde. So fiel den Nomadenheeren Stadt für Stadt zu, eine Vielzahl davon kampflos. In den Bergen stießen sie jedoch zumeist auf erbitterten Widerstand, und die Eroberung Shahrizurs, des heutigen Sulaimania, im Zentrum des kurdischen Hochlandes sollte ihnen 643 nur in äußerst blutigen Kämpfen und mit großen Verlusten gelingen.

In nur wenigen Jahren überfluteten die Heere Omars ein gewaltiges Gebiet, schlugen Perser, Byzantiner und viele andere und zwangen stark befestigte Städte zur Übergabe. Größtenteils ohne besondere Strategie, vor allem wenig geübt in der Taktik der Belagerung von Städten, nicht selten ausschließlich von der Sucht nach Beute getrieben, geeint aber durch die Triebfeder der »gihad«, des »heiligen Krieges«, sammelten sie ungeheure

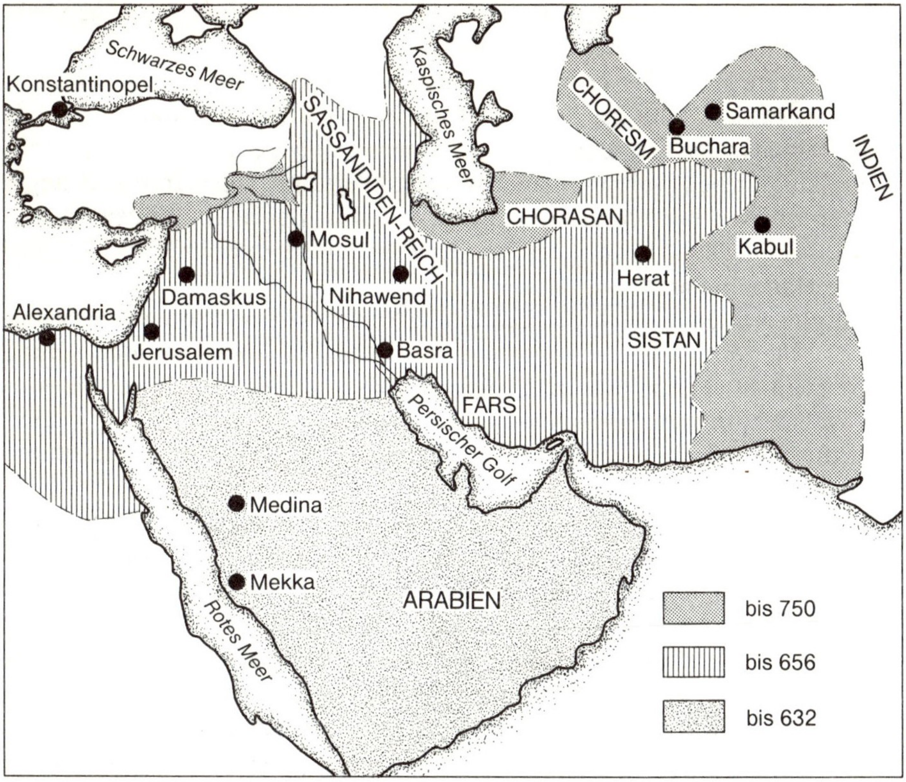

Die östliche Ausbreitung des Islam bis 750

Reichtümer, indem sie Tribut von den eroberten Städten und Gebieten eintrieben, ohne deren wirtschaftliche oder gesellschaftliche Verhältnisse zu verändern. Reichtümer aber auch durch Plünderung der sich widersetzenden Territorien und der Verschleppung einer großen Zahl von Sklaven, die nicht nur in der Landwirtschaft, sondern auch im Handwerk, sogar als Schreiber oder Sänger eingesetzt wurden. Allein Mu'awiya ibn Abi Sufyan, der Stadthalter von Syrien und spätere Omajjaden-Kalif, soll der Überlieferung nach 4000 Sklaven besessen haben.

Doch war es auch ein persischer Sklave, der im Jahre 644 den Kalifen Omar, den zweiten Nachfolger Mohammeds, ermordete. Als danach Othman der höchste Würdenträger des Islam wurde, ging er energisch daran, das Reich nach Norden und Osten zu erweitern; auch er wurde jedoch von Widersachern ermordet (656).

Doch diese Kalifenwechsel hielten den Islam keinesfalls in seinem Vormarsch auf. Und so wie die Araber beispielsweise die frühfeudalen Verhältnisse der Kurden weitestgehend unangetastet ließen, verhielten sie sich im Großteil des eroberten Reiches gegenüber der Religion fast tolerant. Andersgläubige konnten sich gegen die Zahlung eines Tributs ihre religiöse Freiheit erkaufen. Dies schwächte natürlich einen beträchtlichen Teil der Opposition gegen die neue Oberherrschaft.

Eine Ausnahme bildete die Staatsreligion der Sassaniden, der Zoroastrismus, deren Priesterschaft als Teil der herrschenden Dynastie 637 gemeinsam mit dem Reich unterging. Die eindringenden Araber zerstörten die Feuertürme, Kultstätten und Tempel der zoroastrischen Religion in weiten Teilen Kurdistans und zwangen die Bevölkerung mit Gewalt zum islamischen Glauben. So hatte beispielsweise im Süden der Stadthalter von Basra, Abu Musa, um das Jahr 645 in mehrfachen und blutigen Strafexpeditionen versucht, die aufständischen Kurden niederzuwerfen und zu bekehren. Aber kaum waren die Heeresabteilungen Abu Musas in einen anderen Teil des Gebietes gezogen, fielen die Kurden wieder massenweise von dem fremden Glauben ab, und die alten Feuer loderten zum Himmel, um die sich die »Yazds zu Hunderten und Tausenden« sammelten, wie der Awesta es vorschrieb.

Die Macht der Mawali

Die Ermordung Othmans, des dritten Kalifen nach Mohammed, war nicht die Tat eines einzelnen Verschwörers, sondern einer großen Gruppe islamischer Soldaten und leitete ein neues Kapitel in der Geschichte des Islam ein, an dem die Kurden wesentlich beteiligt waren. Mit dem Mord an Othman jedoch standen sie in keiner Verbindung.

Lange schon hatte es im islamischen Heer gegärt, vor allem unter den einfachen Soldaten. Sie, die den wenigsten Anteil an den Eroberungen und der Beute davontrugen, sahen immer mehr den wachsenden Reichtum der oberen Schichten, die sich Ländereien und Sklaven angeeignet hatten, Geld und Viehherden. Ein übriges zum Protest trug der *diwan* bei, ein staatliches System von Pensionen und Sold, das zwar alle Muslims erfaßte, aber dennoch große Unterschiede machte; beispielsweise erhielten nach dem »Diwan« die Familienmitglieder des Propheten jährlich weit über 10 000 Dirham, während sich die Masse der einfachen Muslims mit nicht einmal 500 Dirham begnügen mußte. So zog auf dem Höhepunkt der Unzufriedenheit eine große Zahl der Krieger nach Medina, um die Aufteilung der staatlichen Ländereien und des gehorteten Vermögens zu fordern. Als Truppen gegen sie eingesetzt wurden, stürmten sie den Palast Othmans und ermordeten ihn, woraufhin seine Sippe, die Omajjaden, sich in ihre syrische Domäne zurückzog. Die Aufständischen aber riefen Ali, den Vetter und Schwiegersohn des Propheten, 656 zum neuen Kalifen aus. Mit einigem politischen Geschick und der Verteilung des medinischen Staatsschatzes sicherten sich Ali und seine Familie, die Ši'at (daher Schi'iten, die noch heute vor allem im Iran weitverbreitet sind), ihre Herrschaft, und überstanden auch einen Aufruhr, den Aischa, die Witwe Mohammeds, initiiert hatte. Bald jedoch spaltete sich das Lager; den Charidjiten (»Auszüglern«) war Alis Haltung zu moderat, sie drangen auf eine striktere Einhaltung des Korans als Verteidiger der Rechte der einfachen Muslims und bildeten eine scharfe Opposition, die sich ganz Ägyptens bemächtigte. Gleichzeitig bestritten auch die Truppen in Syrien seine Herrschaft und ernannten ihrerseits einen Kalifen – Muāwiya aus der Sippe der Omajjaden war für sie der direkte Nachfolger des ermordeten Othman.

Diese drei verfeindeten Machtblöcke schufen nicht nur politisch eine explosive Situation. Auch nach dem Tode Alis, der 661 von einem Charidjiten ermordet wurde, entspannte diese sich nicht, und vor allem die nichtmuslimischen Völker des Reiches litten darunter. Auch auf den Kurden lastete der religiöse Druck der Omajjaden, der mit einer rücksichtslosen wirtschaftlichen Ausbeutung, besonders in den syrischen und nordirakischen Gebieten, aber auch in den Provinzen Basra und Fars, einherging. Daher verbündeten sie sich mehrmals und hoffnungsvoll mit den Schiiten, die um Kufa, einem ehemaligen Militärlager, das sich rasch zu einem politischen und kulturellen Zentrum entwickelt hatte, eine starke Opposition bildeten. Die Lage der Kurden verbesserte sich dadurch jedoch nicht, alle Allianzen

– auch jene mit den Charidjiten – waren nur von kurzem Bestand. So war die erste Hälfte des 8. Jahrhunderts durch verzweifelte Aufstände der kurdischen Stämme und deren blutige Niederschlagung charakterisiert: erst Armenien und Aserbaidschan, 702 dann Fars und Sabur, 708 wieder Fars – und dort eine noch grausamere Niederschlagung als 6 Jahre zuvor – und 746 wieder Sabur.

Meist fehlte den kurdischen Erhebungen eine einheitliche Führung, geschweige denn hatten sie ein umfassendes Programm. Und wenn die Araber auch manche Niederlage hinnehmen mußten, so verhalfen ihnen letztlich direkt immer ihre militärische Übermacht und indirekt die Uneinigkeit der kurdischen Stämme zum Sieg.

Da diese und andere Aufstände – nach wie vor standen die Schiiten und Charidjiten in Feindschaft zu den Omajjaden – dennoch die Zentralgewalt immer ernsthafter erschütterten, griff diese zu einer Maßnahme, die in späteren Jahrhunderten grausam perfektioniert werden sollte: die Umsiedlung.

Aus den jeweiligen »Krisengebieten« wurden die Kurden, manchmal ganze Stämme – das betraf auch andere »unbotmäßige« Völker –, gewaltsam in Grenzgebiete verbracht. Vor allem Chorasan im Osten des Reiches gelangte so zu einer traurigen Berühmtheit.

In seiner größten Ausdehnung stieß das islamische Imperium unter den Omajjaden im Osten an den Indus und im Westen an die Grenzen des Frankenlandes. Doch in der Mitte des ungeheuren Reiches rüttelten arabische Sippen und antiislamische Aufstände an der herrschenden Macht, die auch an den Rändern zu zerbröckeln begann.

Die Unzufriedenheit auch der muslimischen Bevölkerung unter dem drückenden Steuern- und Abgabenjoch vor allem nutzte die Sippe der Abbas aus, die Abbasiden, die in ihrer Herkunft auf einen Onkel des Propheten verwiesen und so nach der Macht griffen. Sie verstanden es, sich nicht nur mit den Schiiten zu verbinden, sondern auch die *Mawali* an sich zu binden, die nichtarabische Bevölkerung vor allem der iranischen Provinzen, die mit am stärksten unter dem Omajjaden-Joch litt.

Die Hauptforderung der Mawali – unter ihnen die meisten der kurdischen Stämme – waren die steuerliche Gleichstellung mit den Arabern, Ämter in der Verwaltung und den Provinzregierungen und eine Änderung des Diwan bezüglich Besoldung und Pensionen. Das betraf vor allem die nichtarabischen Krieger, die außer einem geringen Teil der jeweiligen Beute bisher keinerlei Sold erhalten hatten.

Die Abbasiden hörten ihre Forderungen an, und die Mawali liefen ihnen zu, fest in dem Glauben, ein abbasidischer Kalif würde ihnen Gerechtigkeit widerfahren lassen. So auch die Kurden. Der Aufstand gegen die Omajjaden begann in ebenjener Provinz Chorasan, in die unzählige Kurden deportiert worden waren, und breitete sich, nicht zuletzt wegen des großen Zulaufs aus der unzufriedenen Bevölkerung, in Windeseile aus. Vor allem die ärmeren Schichten der Städte öffneten ihnen die Tore, und die Bauern strömten ihnen massenweise zu. Ihre Fahne war schwarz, so, wie es die des Propheten gewesen sein soll, und die Mawali verbanden mit ihrem Auftauchen und ihrem Sieg messianische Vorstellungen. So waren die Tage der Omajjaden gezählt. Ihre Herrschaft ging im Jahr 750 zu Ende.

Der Blutpreis der Hoffnung

Niemand vermag auch nur zu schätzen, wie viele kurdische Sippen und Stämme hoffnungsvoll unter der schwarzen Fahne der Abbasiden für eine bessere Zukunft kämpften, hofften; wie viele Kurden auch starben. Nur wenige Namen hat die Geschichte überliefert, so den des Mawali Abu Muslim, der Kurde war und als hervorragender Führer und militärischer Organisator in Chorestan galt. So sehr die Kurden aber auch hofften, so sehr sahen sie sich am Ende aller Hoffnung betrogen. Betrogen und mißbraucht wie die große Mehrheit der Mawali.

Die Herrschaftszeit der Abbasiden wird von Historikern auch das »Goldene Zeitalter« genannt. Zwar verblieb nur wenig von dem ehemals riesigen Reich, doch ausgehend von der wiedererstandenen Metropole Bagdad setzten die neuen Kalifen konsequent feudalistische Prinzipien durch. Eine allgemeine arabische Verwaltung lenkte alle Geschicke, Handel und Verkehr erstanden zu neuer Blüte, und Wissenschaft und Kultur breiteten sich unvergleichlich aus. Wechselseitig hiermit verlief ein fast einmaliger Islamisierungsprozeß, der auch die Kurden einschloß. Islamische Gelehrtenschulen entstanden, Rechtsschulen, schriftliche Sammlungen der Lehren Mohammeds wie überhaupt eine einheitliche islamische Dogmatik; Mekka und Medina wurden wieder aufgebaut und alljährliche, offizielle Pilgerfahrten dorthin organisiert.

Die neuen Herrscher verstanden es dabei sehr wohl, durch die Einbeziehung von mawalischen Stammesführern in die mittlere Verwaltungs- und Heeresebene ihre Macht zu sichern; die Vergabe von Land und die Existenz nichtarabischer Großgrundbesitzer sicherte ihnen weitere Machtpositionen. Das Reich wurde fast nach einem »Teile-und-herrsche-Prinzip« regiert und verwaltet, wobei die Abbasiden allerdings streng darauf bedacht waren, Führungspositionen in der Hand der Sippe zu halten. Da das Zentrum des Reiches identisch war mit dem Siedlungsgebiet der Kurden, lastete auf deren Schultern das Aufblühen des »Goldenen Zeitalters«. Wenig half es ihnen, daß gerade sie den Abbasiden mit zur Macht verholfen hatten. Im Gegenteil, die soziale Lage der Bauern verschlechterte sich durch die Entwicklung des Feudalismus und die fortschreitenden sozio-ökonomischen Differenzierungen.

So mußten sie nun zweimal Steuern und Abgaben entrichten – an den eigenen, meist kurdischen Grundherrn und an die Zentralregierung. Auch hatten sie doppelten Militärdienst zu leisten – im Heer ihres Feudalherrn gegen andere kurdische Stämme oder Emirate und im Heer des Reiches.

So geschah es, daß die kurdischen Krieger in ihrem Gebiet immer mehr die arabischen Soldaten aus dem abbasidischen Reichsheer »verdrängten«, was allerdings eine mögliche Einheit der Kurden auch nicht förderte; zu stark waren die Stammesverbindungen einerseits, zu groß mittlerweile die Feindschaften untereinander, die die Abbasiden zu nutzen wußten. In der Folgezeit begannen die Kalifen, die Soldaten ihrer mächtigen Leibgarden aus türkischen Sklaven zu rekrutieren, vor allem, um in Krisenzeiten über ein wehrhaftes Gegengewicht zu den mawalischen, größtenteils kurdischen Truppen zu haben. In diesen türkischen Palastwachen, die keinerlei Bindung zur Bevölkerung hatten und bei Aufständen entsprechend grausam vorgingen, ahnten die Araber noch nicht jene, jetzt schon stetig anwachsende Macht, die ihnen dereinst die Zügel der Herrschaft aus der Hand nehmen sollte. Vorerst jedoch übte sich diese Macht in der blutigen Zerschlagung kurdischer Unruhen und Bauernaufstände.

So blieb den Kurden keine andere Möglichkeit, als sich mit der arabischen Vorherrschaft einzurichten, die zwar einerseits ihre gesamte Entwicklung vorantrieb, andererseits einen blutigen Tribut forderte.

In einem unüberschaubaren taktischen Spiel, das von Erhebung bis freiwilliger Unterwerfung reichte und parallel zum Schwinden der Zentralmacht und Erstarken der feudalistischen Territorialmächte verlief, hatten es einige kurdische Stämme geschafft, die arabische Herrschaft soweit zu unterwandern, daß sie nur noch in einem Tribut- beziehungsweise Vasallenverhältnis zu ihr standen. So waren bis zum 10. Jahrhundert regelrechte kurdische Dynastien entstanden. Mehr als einhundert Jahre, bis 1096, existierte in einem Gebiet, das von Urfa bis nördlich des Van-Sees reichte, ein Kurdenstaat, der nur noch formal den Arabern unterstand.

Die Dynastie der Marwaniden, mit der Residenz Diyarbakir, hatte ihn geschaffen. Andere kurdische Dynastien waren die der Shaddadiden im heutigen Nordaserbaidschan oder die der Hassanwai im südwestlichen Kaukasus. Diese Fürstentümer hatten sich insoweit arrangiert, als sie stets

Truppenkontingente zur Verfügung stellten, wenn das islamische Reich von äußeren Feinden bedroht wurde. So kämpften sie etwa an der Seite der Araber gegen Byzanz. Kurdische Heere waren es auch, die die Truppen des byzantinischen Kaisers Basilius II. aus Syrien vertrieben. Und jener Held, der Basilius II. tötete und damit überhaupt erst den byzantinischen Vormarsch stoppte, war – so berichtet es die Geschichte – ein Kurde namens Ahmed al-Dahhak.

Wie sooft in der Geschichte floß kurdisches Blut für fremde Interessen. So mag es fast wie eine Ironie der Geschichte anmuten, daß sich zu Beginn des 11. Jahrhunderts die Kurden in zahllosen Kämpfen aufrieben, da mit den seldschukischen Horden die Türken auf den Schauplatz traten, um der Welt bald eines der bis dahin grausamsten Dramen vorzuführen – die Ausrottung ganzer Kurdenstämme.

IV. »Heilige« Kriege

Die Vorboten der Kurden

Der Prophet Mohammed war im Namen des *gihad,* des »Heiligen Krieges«, von Süden her aufgebrochen, und die Kamelnomaden der folgenden Kalifen hatten als seine Vollstrecker auch Kurdistan unterworfen und die Völker zum Islam bekehrt.

Doch kaum hatten die im Umgang mit Fremdherrschaften erfahrenen Kurden sich auf einen steten Wechsel von Unterwerfung und Auflehnung unter den Arabern eingerichtet, gar eigene Fürstentümer geschaffen, bröckelte das Reich der Erben Mohammeds. Teils waren es innere Machtkämpfe, teils äußere Feinde, die die Verhältnisse in diesem Gebiet Vorderasiens wieder einmal grundlegend veränderten. Doch obwohl ihr Machteinfluß zunehmend schwand – die Lehre von dem einen und einzigen Gott Allah hatten sie den Stämmen Kurdistans für immer eingepflanzt.

Und nun war von Osten her eine neue Macht im Anmarsch – die Türken. Sie nannten sich Seldschuken nach ihrem Häuptling Seldschük und waren noch um die Jahrtausendwende ein unbedeutender turkmenischer Stamm, der nomadisierend die Steppen an Aralsee und Kaspischem Meer bevölkerte. Immer auf der Suche nach neuen Weideplätzen für ihre Viehherden und ausgestattet mit einer gefürchteten Raubsucht, drangen sie immer weiter nach Westen vor; andere Stämme schlossen sich ihnen dabei an.

Anfangs wurden sie von den bereits bestehenden türkischen Dynastien, beispielsweise den Ghasnawiden, geduldet, anderen Stämmen gelang es auch, sie vorübergehend aus ihren Gebieten zu vertreiben. Doch die seldschukische Lawine wuchs und wuchs und wälzte sich unaufhaltsam nach Westen. Wo immer sie auftauchten, raubten und plünderten sie und griffen selbst größere Städte an und waren ob ihrer grausamen Kriegführung und aggressiven Landbesitznahme bald das gefürchtetste Volk Vorderasiens.

Das erste Mal trafen die Kurden 1029 im Osten in Ray auf die Seldschuken, von denen sie vernichtend geschlagen wurden; wenig später dringen sie im Norden in das Stammesgebiet der Gilali-Kurden ein, während sie im

Süden Bagdad erobern und so das kurdische Gebiet in seiner gesamten Breite überrennen. Das Jahrhundert ist noch nicht zu Ende, da beherrschen die wilden Horden den größten Teil des alten islamischen Staatensystems.

Tod oder Bekehrung

Bereits unter Seldschük hatten die Seldschuken den sunnitischen Glauben angenommen, jene orthodoxe islamische Strömung, die die *Sunna*, die Sammlung der von Mohammed überlieferten Bräuche und Verhaltensregeln, gleichberechtigt neben den Koran, das »Heilige Buch«, stellte. Damit sahen sie sich im krassen Gegensatz zu den Schiiten, für die der Koran die einzige Richtschnur religiösen Lebens darstellte.

Diese »Sunna« bot ihnen das theoretische Werkzeug zu den kriegerischen Expansionen. Beispielsweise verlangten Mohammeds Überlieferungen die absolute Unterwerfung aller »Ungläubigen«, worunter die Seldschuken generell Andersgläubige verstanden und somit jeden Krieg gegen diese als »heilig« legitimierten, ihn geradezu forderten. Nicht weniger entscheidend war der durch Priester und Heerführer wesentlich unterstützte Glaube an das Kismet. Dieses *kismet* (»Schicksal«) sei von Allah für jeden einzelnen genau vorbestimmt, womit auch Todesstunde und -ort etwa eines Kriegers festgelegt waren. Letztlich war es also unwichtig, ob dem Kämpfenden ein gleich starkes oder gar übermächtiges Heer von Feinden gegenüberstand – kein Pfeil, keine Lanze, kein Schwert konnte ihn gegen den Willen Allahs töten. So galt der gefährlichste Platz auf dem Schlachtfeld als ein Platz der Bewährung vor dem Allerhöchsten. Und wen dieser im Kampf gegen die Ungläubigen den Tod finden ließ, den beschenkte er dafür übermäßig im Paradies, das ihm die Erfüllung all seiner Wünsche verhieß.

Derart von der Idee des heiligen Kriegs ergriffen und im Glauben an das Kismet warfen sich die Seldschukenkrieger mit wahrer Todesverachtung auf alles, was sich ihnen auf ihren Raub- und Eroberungszügen in den Weg stellte. Ihr Wahlspruch hieß »Tod oder Bekehrung«, aber letztlich fragten sie in ihrer Gier nach Beute und immer neuem Weideland nicht mehr nach dem Glauben, sondern rotteten auf ihren Zügen ganze Dörfer und Stämme aus, verwüsteten die Städte, raubten die Kulturgüter und erschlugen oder vertrieben die Bauern, um auf deren Land ihr Vieh weiden zu lassen.

So war der Einfall der Seldschuken zunächst ein auch ökonomisch schmerzlicher Rückschlag. Dabei erwies sich die Seldschukenherrschaft keinesfalls als so stabil und allgegenwärtig, wie ihre aggressive Expansion es hätte vermuten lassen. Ihre eigentliche Stärke war ein stehendes Heer, das sie mittels eines ausgeklügelten Lehnswesens unterhielten. Die Offiziere erhielten statt Sold Ländereien, deren Einkünfte ihnen zur Verfügung standen, mit denen sie aber wiederum ihre Soldaten unterhalten mußten. Damit waren Keimzellen für eine militärische Feudalaristokratie gegeben, die einerseits einen gewissen ökonomischen Aufschwung mit sich brachte, einfach erklärbar aus der Tatsache, daß die Offiziere oder Vasallen unmittelbar am wirtschaftlichen Gewinn interessiert waren; andererseits provozierte dieses Militärlehnswesen bereits wieder separatistische Tendenzen und Machtkämpfe auf mittlerer und höherer Ebene, die – wie zuvor sooft – auch dieses Reich zersplittern lassen sollten.

Immer wieder versuchten auch die Kurden auf ihrem Territorium die Grundlagen dieses Staates zu untergraben. Dabei ist es fast ein Kuriosum zu nennen, daß die Aufspaltung des kurdischen Volkes in eine Vielzahl einzelner und häufig verfeindeter Stämme nicht unwesentlich dazu beitrug, die Dynastie der Seldschuken – die sich in ihrer realen und konstanten Machtausübung im wesentlichen auf Westiran und den Irak beschränkte – nie zur Ruhe kommen zu lassen.

Vielfältig sind die historischen Nachrichten über Aufstände und Strafexpeditionen, die besonders das von mehreren Stämmen besiedelte Gebiet um Mosul betrafen, in welchem über mehrere Jahrzehnte kein dauerhafter Frieden, keine unangefochtene Oberherrschaft der Seldschuken zustande kam. Und selbst die teilweise Vernichtung kleiner kurdischer Dynastien, wie beispielsweise der Banu 'Annaz, von denen 2000 Mitglieder getötet wurden und deren gesamter Besitz an die Seldschuken fiel, dämmten den Aufruhr nur partiell ein.

Wie Funken unter der Asche schwelte der Widerstand. Und hatte sich auch manche Dynastie – so wie die der Djuzkan unweit von Kirmanscha – nach erkanntermaßen zwecklosem Widerstand unterworfen, hatten ihre Stammesführer sich mit den Seldschuken arrangiert, waren Heerführer oder Offiziere geworden, stellten diese lokalen und verstreuten Bastionen jedoch nie auf längere Zeit eine Garantie für die fremde Oberherrschaft dar.

So ist es kaum verwunderlich, daß sich unter der apokalyptischen Seldschukendynastie neuerlich kleine kurdische Fürstentümer herausbildeten – nicht selten parallel zum Untergang anderer. Und sogar eine Provinz »Kurdistan« vermeldet zu dieser Zeit die Geschichte, von der – wiederum ein Kuriosum – zuerst die Seldschuken selbst Nachricht geben: Ihr Zentrum soll Bahar gewesen sein, nördlich von Hamadan, und sie soll in einer recht hohen Blüte gestanden haben. Dies ist aber schon zu einer Zeit gewesen,

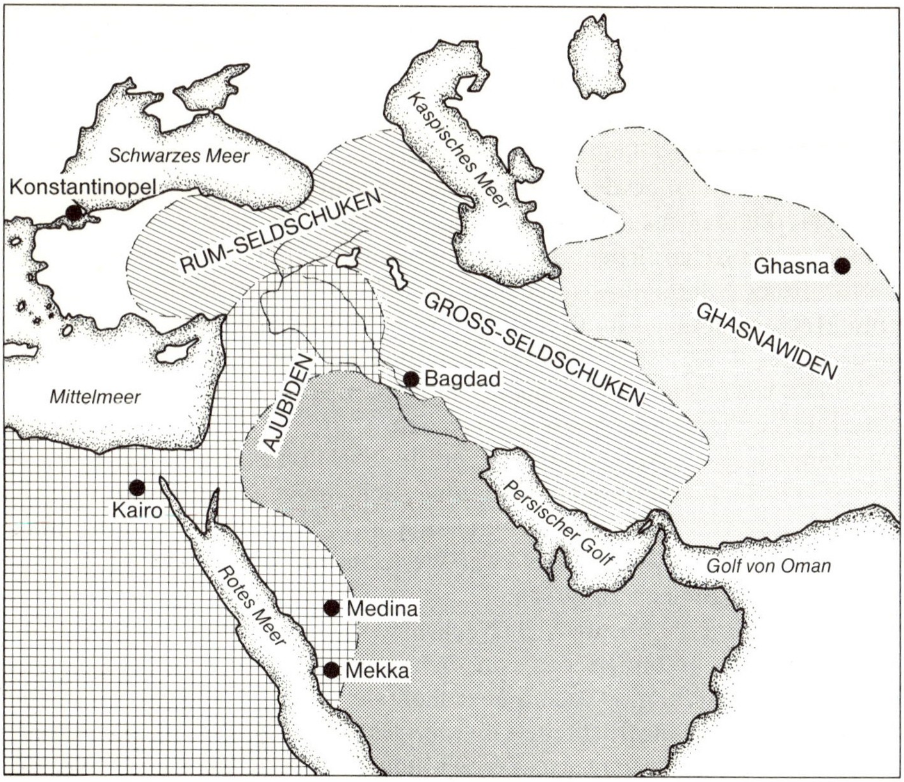

Die östlichen islamischen Teilreiche um 1180

da die Herrschaft der wilden Horden ihren Zenit überschritten hatte. Fast ein Jahrhundert hatten *gihad* und *kismet* – heiliger Krieg und Schicksalsergebenheit – die nomadisierenden Seldschuken geeint; der Aufgabe jedoch, einen Staat – ohne Raub und Plünderung – zu erhalten, waren sie nicht gewachsen. Ende des 11. Jahrhunderts zerfiel das einstmals mächtigste Reich des Vorderen Orients.

Saladin und die Kreuzzüge

Es ist das Jahr 1095. Die Städte Amadija und Mosul, die sich bereits mehrmals erhoben haben, sind gerade wieder unterworfen worden, Antiochia und ganz Palästina sind besetzt, das Seldschukenreich ist auf dem Gipfel der Macht, und seine Nomadenkrieger stehen mit ihren kleinen, zähen und langmähnigen Pferden am Ufer des Mittelmeeres – da hält am 26. November Papst Urban II. auf der großen Kirchenversammlung im französischen Clermont eine zündende Rede, die das Morgenland schlagartig in den Mittelpunkt religiösen Eifers und politischen Kalküls rückt. Vor Tausenden von Gläubigen beschwört der Papst ein Bild der Not und des Schreckens: Das Land, »wo Christi Füße gestanden«, befinde sich in den Händen der Barbaren, schutzlos sei das Heilige Grab, die Wallfahrten der Christen nach Jerusalem seien aufs äußerste bedroht und die Mißhandlungen der Pilger schier unerträglich. Die Stimmung ist günstig im religiös und kriegerisch erstarkten Abendland. Und als Urban II. zur Befreiung des Heiligen Grabes und zur Herstellung der christlichen Herrschaft in Palästina aufruft, schallt ihm ein zehntausendfaches *»Deus lo volt!«* (Gott will es!) entgegen.

Knapp 500 Jahre zuvor hatte Mohammed in Medina die Gläubigen zum Gihad, zum heiligen Krieg, aufgerufen, und viele Tausende folgten ihm und zogen mit Schwert und Koran gegen die Ungläubigen. Auch Papst Urban II. beschwor 1095 im französischen Clermont die Gläubigen zum heiligen Krieg, und wiederum setzten sich Tausende und aber Tausende in Bewegung, diesmal bewaffnet mit Bibel und Schwert.

Die Welt hatte ihren ersten Kreuzzug, dem im Verlauf von fast 200 Jahren noch weitere sechs folgen sollten. Religiöser Eifer und weltliches Machtstreben, Flucht aus drückenden Lehnsverhältnissen oder einfach nur Wanderlust und Hoffnung auf Abenteuer hießen die Motive, und die anfangs planlos aufbrechenden Scharen, nicht selten nur notdürftig ausgerüstet, endeten im Fiasko, ohne auch nur die heilige Erde betreten zu haben. Doch Kreuzzug auf Kreuzzug wälzte sich gen Palästina, zu Lande und zu

Wasser und unter unsäglichen Strapazen. Nur etwa jeder zehnte Kreuzfahrer erreichte das Gelobte Land, die Heimat jedoch sahen die wenigsten wieder.

Zweihundert Jahre lang sollten Gihad und Kreuzzug aufeinandertreffen, zweihundert Jahre lang Kampf um ein christliches oder islamisches Palästina, der zuweilen mit unbeschreiblicher Härte geführt wurde und in dem auf beiden Seiten Ströme von Blut flossen. So berichtet die Geschichte, daß die Kreuzfahrer, als sie 1099 nach fünfwöchiger Belagerung endlich Jerusalem einnehmen konnten, ungeachtet des Glaubens alles und jeden in der Stadt niedermetzelten; über Berge von Leichen sollen sie zur Kirche des Heiligen Grabes gestiegen sein. Ihr Versuch, auch Damaskus zu erobern, schlug jedoch fehl, wie überhaupt die christlichen Invasoren in Palästina sich nie über einen längeren Zeitraum behaupten konnten.

In diesem Glaubenskrieg, der wie manche vor und nach ihm in vieler Hinsicht ein religiös bemäntelter Machtkampf war, standen die Kurden an der Seite der Araber. Und besonders einer von ihnen erwarb sich großen Ruhm und bleibendes Gedenken in der Geschichte des kurdischen Volkes: Salah ad-Din Yusuf ibn Ayyub (1137–1193), genannt Saladin, der Sultan von Ägypten und Syrien und Begründer der Dynastie der Ayyubiden (Ajubiden), Sohn des Kurden Ejub. Mit seinem arabisch-kurdischen Heer schlug er am 4. 7. 1187 in einer der blutigsten Schlachten der Kreuzzüge 60 000 christliche Invasoren bei Hittim am See Genezareth und eroberte am 2. Oktober Jerusalem. Im Gegensatz zur Einnahme der Stadt durch die Kreuzritter einhundert Jahre zuvor, behandelte Saladin die Einwohner mit unerwarteter Großmut, was ihm auch bei den Europäern bleibende Achtung einbrachte. Dieser Sieg rettete nicht nur die Herrschaft der Araber in Palästina, er bedeutete gleichzeitig eine Vorentscheidung für die weiteren Kreuzzüge. Nachdem Saladin einen Waffenstillstand mit den Christen vereinbart hatte und ihnen den Zugang zu ihren heiligen Stätten ermöglichte, geschah während seiner Herrschaftszeit in Palästina nichts mehr gegen den Willen des kurdischen Fürsten. Noch einmal, doch erst nach Saladins Tod, vermochten die Kreuzritter während des sogenannten fünften Kreuzzuges mit Gewalt in Jerusalem einzudringen, wo sich der römische Kaiser Friedrich II. (1194–1250) 1229 auch zum König von Jerusalem und Nazareth krönen ließ. Doch schon wenige Jahre später (1244) verloren sie Jerusalem für immer an die Araber.

Vielfältig und fruchtbar waren die Folgen der Kreuzzüge und das Aufeinandertreffen von Morgen- und Abendland für das kulturell unterlegene Abendland. Philosophie und Medizin, Geographie und Naturkunde erlebten durch die im Orient gewonnenen Anschauungen Blütezeiten; die Baukunst entlehnte beispielsweise den arabischen Spitzbogen, der fortan in der Gotik dominieren sollte, und der Seehandel und die Entwicklung der Seestädte – ausgehend von Venedig und Genua – erlebten einen Aufschwung. Ebenso erstarkte und veredelte sich der Ritterstand; Kreuzzüge und Kreuzritterorden, wie Johanniter oder Templer, gerieten nicht selten in das Licht der Verklärung und fanden Eingang in die Poesie, als deren bleibendste Form sich das Ritterepos herausbildete.

Am Schauplatz dieses religiösen Machtkampfes trug man nur sehr wenig Gewinn davon. Wie sooft in der Geschichte, vermochten die europäischen Eindringlinge der hochentwickelten Kultur des Morgenlandes keine entscheidenden Impulse zu vermitteln, während das abendländische Kulturbewußtsein durch Berührung und Gegenüberstellung mit der byzantinischen und arabischen Kultur gestärkt wird.

Dennoch bereicherten diese Ereignisse die kurdische Nationalgeschichte um einen klangvollen Namen, der weit über die Grenzen Kurdistans hinaus gerühmt und geachtet bleiben sollte – den des edlen Sultans Saladin.

Hulagu und die mongolische Apokalypse

Ein halbes Jahrhundert nach Saladin – der sechste, erfolglose Kreuzzug der Europäer war gerade gescheitert und der siebte, der den gleichen Ausgang nehmen sollte, stand noch bevor – erobern die mongolischen Horden 1258 Bagdad und leiten mit der Vernichtung des Kalifats der Abbasiden ein neues Kapitel in der Geschichte der Unterjochung der Kurden ein. Es waren die Söhne und Enkel des legendären Dschingis-Chan (ca. 1155–1227), die ihre wilden Reiterhorden aus den zentralasiatischen Steppen und aus Südsibirien einer Apokalypse gleich gen Westen schickten. Nur wenige Jahre vergingen, und ihnen unterlagen die größten Teile Asiens und beträchtliche Europas, dessen Völker wiederum einmal vom Osten her Leid und Schrecken erfuhren.

Und wiederum vermochten die kurdischen Stämme, zersplittert in eine Vielzahl untereinander uneiniger Fürstentümer, dem gewaltigen Ansturm nicht standzuhalten. Die Armee des mongolischen Heerführers Hulagu (1217–1265) zerstörte die alte seldschukische Festungsstadt Ray, wälzte sich auf Hamadan, das ebenfalls dem Erdboden gleichgemacht wurde, Maragha und Täbris westlich des Urmia-Sees erlitten trotz heftigen Widerstandes das gleiche Schicksal. Als eine der ersten fiel die noch aus der Seldschukenzeit stammende Provinz Kurdistan mit ihrem Hauptort Bahar unter Mord und Plünderung. Die Stadt Arbil unterwarf sich zwar, doch die kurdische Garnison weigerte sich und fiel in einem blutigen Gemetzel. So erging es Stadt für Stadt, Festung für Festung.

Nicht wenige der Stämme, die sich den Mongolen entgegenstellten oder nicht rechtzeitig vor ihnen flohen, wie beispielsweise die Hakari nördlich von Mardin, wurden Opfer der mongolischen Schwerter. Angst und Schrecken eilte den wilden Horden voraus, und oft fanden sie fast verlassene Ortschaften und Städte vor, wie beispielsweise Sulaimania, dessen Bewohner nach Ägypten und Syrien auswanderten.

Der mongolische Heerführer Hulagu war es auch, der im Iran die Dynastie der Ilkhane begründete (1251–1265), die als Vasallen dem Großkhan der Mongolen untertan waren, sich jedoch im Verlaufe der Zeit von der Hausmacht lösten und sogar den islamischen Glauben teilweise annahmen. Ihre nomadische Lebensweise legten sie jedoch nicht ab, und somit wurde das Land, das bereits unter den Eroberungen unsäglich gelitten hatte, auch während der mongolischen Besetzung wirtschaftlich ruiniert. Die Bewässerungssysteme waren zerstört, die den Acker bebauende Bevölkerung zu vier Fünfteln entweder dem Schwert zum Opfer gefallen oder geflüchtet, der verbliebene Rest wurde brutal ausgebeutet, das Handwerk in den Städten war nahe dem Nullpunkt, und Handel und Verkehr lagen ebenfalls danieder.

Der Untergang des einstmals blühenden Landes einschließlich der kurdischen Region schien besiegelt und kümmerte die mongolischen Eroberer wenig. Sie sahen das Gebiet nur als eine Quelle leichten Gewinns, die sie bis zu ihrem endgültigen Versiegen gnadenlos auszubeuten gedachten.

Unter wechselnden Herrschern

Innerhalb weniger Jahre war es den mongolischen Horden gelungen, große kurdische Stämme und Fürstentümer zu vertreiben oder zu vernichten, und das, was von ihnen noch übriggeblieben war, zu politischer und wirtschaftlicher Bedeutungslosigkeit zu degradieren.

Dennoch, und nicht allzuweit von den kurdischen Gebieten entfernt, an den Höfen und in den Kanzleien der Mameluken-Fürsten, war man sehr gut unterrichtet, auch über die gegenüber den Mongolen nach wie vor unbotmäßigen Stämme zwischen Luristan und Urmia-See, zwischen Euphrat und Hamadan.

Das Wort *mamluk* bedeutet im Arabischen soviel wie »im Besitz befindlich«. Und ursprünglich waren die Mamluken auch die Leibgarde der islamischen Fürsten, die sich zumeist aus fremdstämmigen Söldnersklaven re-

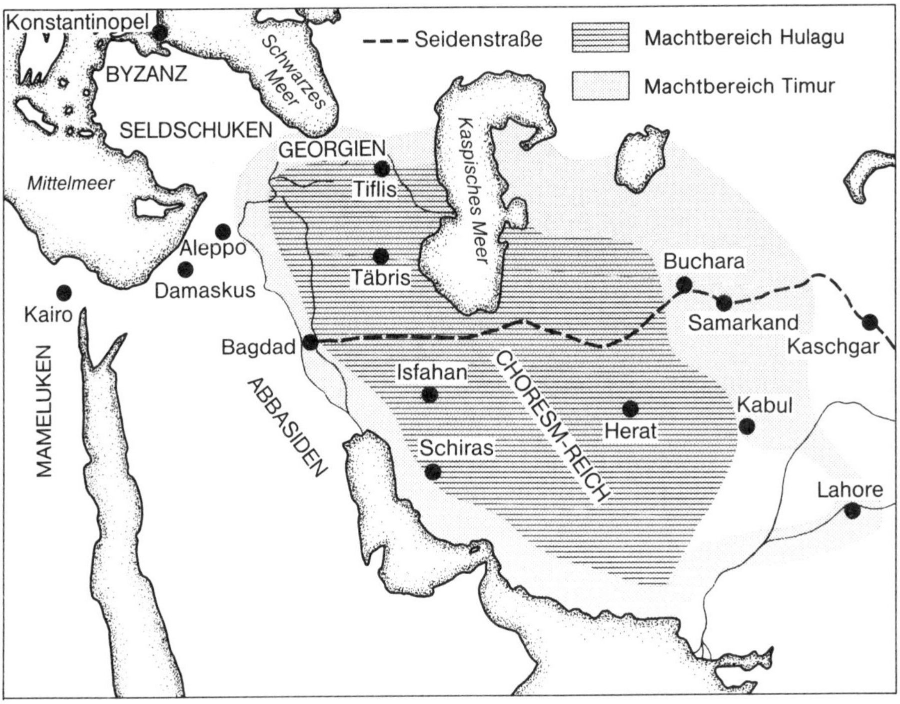

Das Reich der Mongolen im 13. und 14. Jahrhundert

krutierte. Ebendiese Fremdstämmigkeit garantierte den arabischen Herrschern in innenpolitischen Krisenzeiten eine sichere Schutzmacht, da sie skrupellos gegen das arabische Volk, das ja nicht ihr eigenes war, vorgingen. Überdies genossen sie eine hervorragende militärische Ausbildung und hatten sich bereits unter dem Sultanat Saladins vielfältige Privilegien erobert. So ist es nicht verwunderlich, daß sie innerhalb weniger Jahre eine regelrechte Militäraristokratie herausbildeten, die die wesentlichen Schaltzentren der Macht besetzte, schließlich die arabischen Dynastien entthronte und die alleinige Herrschaft an sich riß.

Die Mameluken etablierten sich zuerst in Ägypten (bis 1517), dehnten ihre Macht jedoch bald über Syrien bis hin zum Euphrat aus, wo sie das wichtigste Bollwerk gegen die Mongolen bildeten und deren weiteren Vormarsch nach Westen stoppten. Dennoch waren sie sich der ständigen Bedrohung aus dem Osten bewußt; verständlich so auch, daß sie aufmerksam jeden Aufruhr und jede Erhebung im mongolischen Reich registrierten und so wohlinformiert waren über die Situation der kurdischen Stämme. Stellten diese doch im Falle eines mamelukischen Kriegszuges gen Osten potentiell wichtige Verbündete dar.

Zunächst wandten sich die Mameluken jedoch in Richtung Norden, wo sie die letzten versprengten Bastionen der Kreuzritter und christlichen Orden hart attackierten und Schritt für Schritt beseitigten, um dann anschließend die Mongolen in die Richtung ihrer Ausgangsgebiete zurückzudrängen.

In diesem Zusammenhang mag es wiederum als eine historische Kuriosität anmuten, daß es gerade nichtarabische Dynastien – vielfach turkmenischer Abstammung – waren, die mit der Zurückwerfung der Mongolen den Islam in Vorderasien retteten. Inwieweit die kurdische Nation an der Vertreibung der Mongolen beteiligt war, kann nur vermutet werden; Belege gibt es dafür nicht. Das liegt möglicherweise daran, daß in jener Zeit die Kanzleien der Mamelukfürsten weit geringeres Interesse an den kurdischen Stämmen hatten. Die Mongolen waren zurückgeschlagen und das kurdische Gebiet erobert, damit waren die hier ansässigen Stämme ein ausschließlich innenpolitisches Problem.

Mit dieser Tatsache sahen sich die Kurden wiederum in einer tragisch-aussichtslosen Situation: Eine Herrschaft hatte die andere abgelöst, und nach wie vor blieben sie die Unterdrückten. Daß die Not der Kurden unter den Mameluken ähnliche Dimensionen annehmen sollte, wie zuvor unter den Mongolen, erwies sich im Verlauf von nur wenigen Dutzend Jahren.

Vorerst jedoch entwickelte sich auf der Grundlage eines bis dahin kaum dagewesenen Prachtstrebens der mamelukischen Sultane ein beachtlicher ökonomischer Aufschwung, der sich besonders in einer regen Bautätigkeit dokumentierte; eine Vielzahl öffentlicher Gebäude und Moscheen entstand. Doch stabilisierte sich die Wirtschaft im Mamelukenreich nur kurzzeitig. Das Streben nach Pracht ging einher mit einer unvorstellbaren Verschwendungssucht. Die immer stärker werdende finanzielle Belastung führte zwangsläufig zu Machtverschiebungen und zum Verfall der Sultansherrschaft.

Parallel mit ihr erfuhr das Land – und wiederum verstärkt die kurdischen Bauern – eine schrankenlose Ausbeutung, die ihren Höhepunkt erreichte, als Machtfehden, Rivalitäten und lokale kriegerische Auseinandersetzungen der kleinen, aufstrebenden Emire und Beys aus der Militärkaste fast unausgesetzt das Leben und den Besitz der Bevölkerung bedrohten. Wieder einmal sahen sich die Kurden einer fast unerträglichen Herrschaft ausgeliefert.

Zu diesem Zeitpunkt, etwa um 1360, taucht mit den Heerscharen Timur Längs (1336–1405) vom Osten her eine neue mongolische Welle vor den kurdischen Bergen auf.

Doch diesmal sind es nicht mehr nur räuberische und plündernde Nomadeneinfälle, sondern das Land erlebt einen gezielten Terror- und Vernichtungsfeldzug. Beseelt von dem Gedanken nach einer mongolischen Weltherrschaft, ziehen die mongolischen Scharen ihre blutige Spur durch Kleinasien, und wo sie auftauchen, gibt es nur zwei Möglichkeiten: Tod oder Unterwerfung. Timur Längs Strategie ist ebenso grausam wie konsequent, und die Nachrichten aus dieser Zeit sind voll Greueltaten. So ließ er an den Wegen seiner Eroberungszüge vielfach die Köpfe der erschlagenen Feinde, die Widerstand geleistet hatten, aufeinanderschichten. Bei Isfahan in Persien, so berichtet die Überlieferung, sollen es einmal 70 000 Schädel gewesen sein, die er zu einer blutigen Pyramide hat aufschichten lassen, ein weithin sichtbares, grausames Monument des Terrors, das alle Gegner abschrecken und jeglichen Widerstand brechen sollte.

Gebrochen durch die Herrschaft der Mameluken und sicher wiederum in der Hoffnung auf eine Verbesserung ihrer Lage, setzten die Kurden Timurs Truppen nur partiellen Widerstand entgegen, der in den Jahren 1394 und 1401 mit zwei Feldzügen in ihr Gebiet eindrang.

Die Chronik berichtet von der Einnahme Bagdads und Diyarbakirs und von der völligen Zerstörung Djaziras und der umliegenden Gebiete, die vor allem von den Stämmen Hakari und Husainis besiedelt waren.

Andererseits aber soll Timur den Fürsten von Bitlis, Sharaf al-Din, freundlich empfangen haben, der einer der geachtetsten kurdischen Fürsten war. Vermutlich hatte die Geste einen wichtigen Beispielcharakter für

Das Osmanische Reich im 17. Jahrhundert

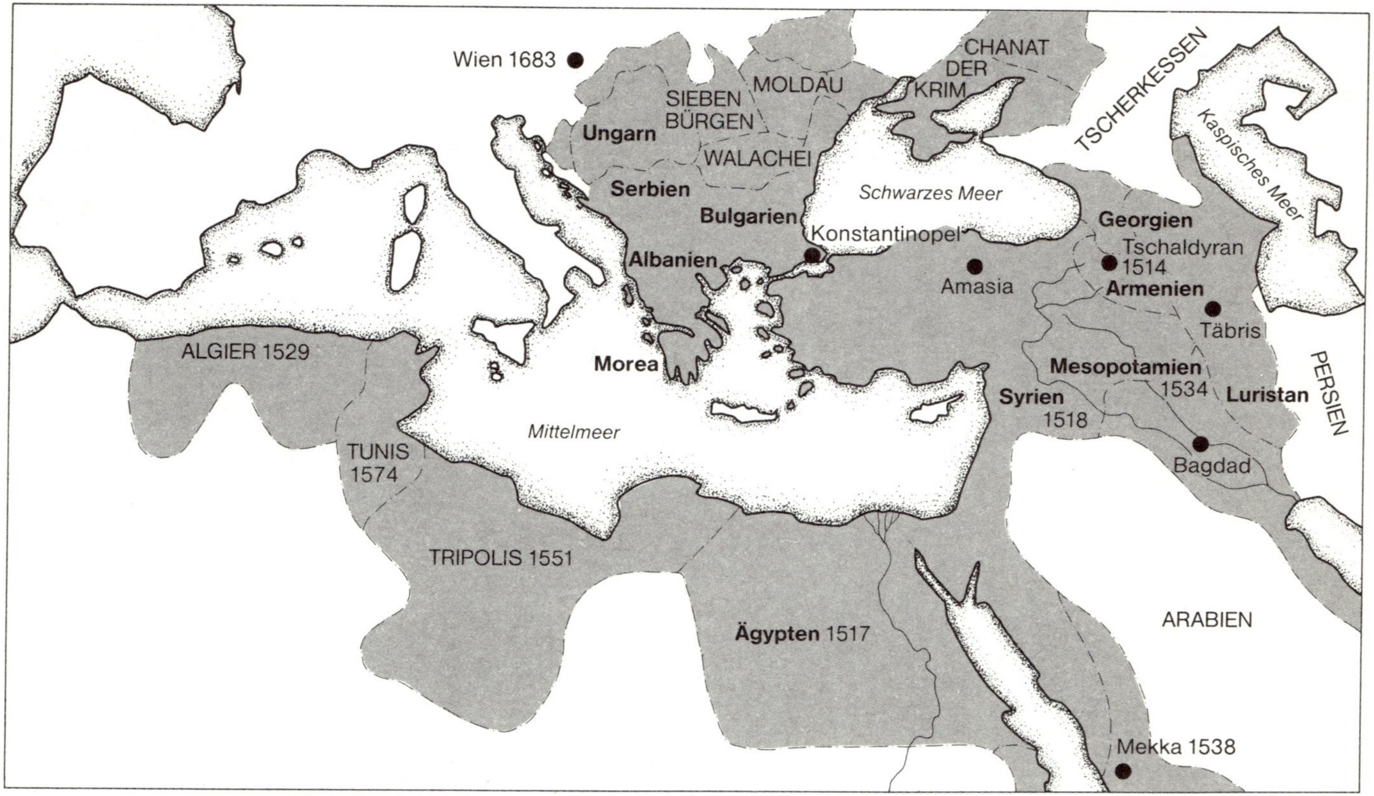

andere kurdische Stämme, die in dieser Unterwerfung eine größere Überlebenschance erkannten als im offenen Widerstand.

Dennoch hatte Timurs kurdischer Eroberungszug nur den Charakter eines kurzlebigen Intermezzos. Als er sich zu Beginn des 15. Jahrhunderts mit einem erneuten Feldzug gegen die türkischen Osmanen Kleinasiens wandte, griffen ihn vereinzelte Stämme immer wieder auf seinem Weg an. Zwar ist dieses Vorgehen vergleichbar den Angriffen der Karduchen auf Xenophons Zug der Zehntausend anderthalb Jahrtausende zuvor, im Ergebnis jedoch scheinen es nur Plänkeleien mit geringer Wirkung gewesen zu sein.

Timur Längs Eroberungszug war ein charakteristischer Vernichtungsfeldzug. Hatten die Mamluken prächtige Paläste und Moscheen errichten lassen, so errichteten die mongolischen Horden Pyramiden aus den Gebeinen der Erschlagenen, und ein Großteil der vormaligen Pracht fiel ihrer Zerstörungswut zum Opfer, wie auch das gesamte gesellschaftliche und wirtschaftliche Leben nahezu zum Erliegen kam. Wieder einmal hatte das Gebiet eine Invasion erlebt, die jegliche Entwicklung auf längere Zeit hinaus lähmen würde; Jahrhunderte waren vergangen mit wechselnden arabischen, türkischen und mongolischen Herrschaften, Fortschritte hatten partiell immer nur ihre aufsteigenden Machtphasen gebracht, während ihre Niedergänge kontinuierlich von Rückschritten für das Land charakterisiert waren.

Nach dem Tode Timur Längs verfiel die mongolische Herrschaft über die Gebiete zwischen Diyarbakir und Sulaimania, zwischen Mardin und Mahabad bald; die vertriebenen Fürsten kehrten zurück; an den Folgen dieses letzten der Mongoleneinfälle sollten aber auch die Kurden noch Jahrhunderte zu tragen haben.

Die Schlacht von Tschaldyran

Krieg, Krieg – immer wieder Krieg. Es ist das Jahr 1514, und diesmal heißen die Gegner Persien und Osmanisches Reich, und der Schauplatz ihres Kampfes wird drei Jahrhunderte lang Kurdistan sein. Auch die Kurden werden in diese blutigen Auseinandersetzungen hineingezogen werden. Sie werden hofiert und benutzt, sich erneut für eine fremde Macht zu schlagen; sie werden siegen und triumphieren, unterliegen und sterben; hoffen und wiederum betrogen werden.

Doch diesmal werden es auch Kurden sein, die kurdische Erde verwüsten, kurdische Dörfer abbrennen, kurdische Städte belagern und hunderttausendfach kurdisches Blut vergießen. Diesmal wird es keinen gemeinsamen Feind geben. Je nach sunnitischem oder schiitischem Glauben wird ihr Feind Osmane oder Perser sein. In den vorderen Reihen der Osmanen wie der Perser werden Kurden stehen und sich untereinander blutige Kämpfe liefern. Im Spiel der beiden Großmächte, in das sie vom Westen und Osten eingekeilt sind, teilt man ihnen die tumbe Rolle des Bauern zu, der beliebig, doch immer als erster geopfert werden wird.

Vorhang auf – das blutige Drama beginnt. Zeit ist das Jahr 1514, und der Ort heißt Tschaldyran nördlich des Urmia-Sees, und gerade bringt das Osmanische Reich dem persischen eine empfindliche Niederlage bei. Doch dies ist nur der Auftakt, die erste Szene eines makabren Spiels, das sich dreihundert Jahre lang mit den kurdischen Stämmen und auf kurdischem Gebiet abspielt. Der Epilog jedoch läßt das Ganze sich zur kurdischen Tragödie wandeln; er läuft immer noch, und an ein Fallen des Vorhanges ist lang nicht zu denken. Und selbst wenn – angesichts des Unmaßes an Leid verböte sich jeglicher Applaus.

Die Exposition war Anfang des 16. Jahrhunderts folgendermaßen gegeben: Im Westen und im Norden Kurdistans war das Osmanische Reich – benannt nach dem turkmenischen Nomadenführer und späteren Sultan Osman I. (1258–1326) – der bestimmende Machtfaktor geworden, im Osten war das seit 850 Jahren verschwundene persische Reich unter Ismail I. wieder erstarkt. Die Perser bildeten die Anhänger der schiitischen Richtung des Islam, während die Osmanen die orthodoxe Religion der Sunna vertraten. Zwischen diesen beiden expansiven Machtblöcken entspann sich ein politischer Kampf um die Vorherrschaft, der fast ausschließlich militärisch geführt wurde und dem beide Seiten den Deckmantel der Verteidigung der Religion anlegten.

Beide, Ismail, der Schah von Persien, und Selim (1470–1520), der osmanische Sultan, bemühten sich um die Gunst und den Beistand der Kurden in diesem Ringen, wobei ihre Taktik von unterschiedlichem Geschick – und demzufolge auch von unterschiedlichem Erfolg – geprägt war. Während Ismail den Kurden in den westlich des Zagros-Gebirges gelegenen Regionen mit Gewalt versuchte, persische Gouverneure aufzuzwingen, gewährte ihnen Selim partielle Rechte und Freiheiten, die soweit führten, daß das westliche Kurdistan eine eigene Feudalregierung erhielt, in der sich der kurdische Adel das Übergewicht sicherte. In dieser Konstellation, die vom Standpunkt der kurdischen Stämme – die ebenfalls in Sunniten und Schiiten gespalten waren – an sich bereits eine Vorentscheidung zuungunsten Schah Ismails darstellte, wurde 1514 mit der Schlacht von Tschaldyran ein Zurückdrängen der Perser aus den nördlichen und westlichen Gebieten des

Zagros-Gebirges besiegelt. Damit erstarkten auch die kurdischen Stämme und Fürstentümer in diesen Regionen.

So hatte sich mit dem osmanischen Vormarsch der von den Persern abgesetzte und geflohene kurdische Fürst Malik Khalil seiner strategisch wichtigen Burg Hisn-Kaifa und des gesamten Besitzes südlich des Van-Sees wieder bemächtigt und wurde von Sultan Selim in seiner Herrschaft bestätigt. Mohammed Beg, der kurdische Emir von Sasun, einer Festung unterhalb des Urmia-Sees, stellte sich wie die kurdischen Fürsten von Agil und Palu auf die Seite der Osmanen; die Soran-Kurden bemächtigten sich Arbils und Kirkuks. Innerhalb kürzester Zeit gelang es so den Osmanen mit Hilfe der kurdischen Stämme, die Perser aus ganz Kurdistan zu vertreiben.

Eine wichtige Rolle in diesen strategischen Koalitionen zwischen Osmanen und Kurden spielte Hakim (»der Weise«) Idris, ein sunnitischer kurdischer Gelehrter, der als geistiger Schöpfer dieser Zweckverbindung gilt. Er genoß großes Ansehen unter den verschiedensten kurdischen Stämmen ob seiner Vermittlerfähigkeiten. Diese machte sich Sultan Selim bewußt zunutze, als er Idris zum Statthalter von Bitlis bestimmte. In dieser Funktion sammelte Idris die kurdischen Fürsten gegen die schiitischen Perser, überzeugte Wankelmütige und schuf dem Sultan so eine starke Phalanx von mehr als zwei Dutzend kurdischen Fürstentümern an der Grenze zum persischen Reich.

Tschaldyran und die Folgen schufen jedoch weder einen dauerhaften Frieden zwischen Osmanen und Persern noch eine eindeutige Grenzfestlegung. Immer wieder und wechselweise von beiden Seiten begonnen, brachen Kriege aus, in denen zwar die Perser kurzzeitig Gebiete zurückeroberten, sogar wieder in Mosul und Bagdad einzudringen vermochten, jedoch letztlich nie wieder dauerhaft über die Gebiete des Zagros-Gebirges herrschen konnten.

Bei diesen Kämpfen im Osten ihres gewaltigen Reiches, das zu Zeiten der größten Machtausdehnung weit nach Europa hineinreichte und so ständig in mehreren Regionen durch lokale Aufstände und Erhebungen erschüttert wurde, waren sich die Osmanen sehr wohl der Bollwerkfunktion der Kurden bewußt, die ihnen einerseits das Herzstück ihres Reiches sicherten, andererseits durch ihren Vasallenstatus beträchtliche Abgaben einbrachten. Zwangsläufig ergab sich daraus für nicht wenige der kurdischen Dynastien ein lokaler Machtzuwachs, der sich in einem bis dahin nie gewesenen Aufblühen kurdischer Fürstentümer dokumentierte.

Dieser Status kann jedoch nicht darüber hinwegtäuschen, daß innerhalb der Fürstentümer – und natürlich auch untereinander – Unruhen und Machtkämpfe ausbrachen. Eine in kurzer Zeit erstarkte kurdische Aristo-

Ein historischer Blick auf die kurdische Siedlung Akra (Darstellung Mitte des 19. Jahrhunderts). Die Stadt liegt heute auf irakischem Gebiet

kratie sah sich bald in schroffem Gegensatz zur Mehrheit des kurdischen Volkes, welches sich wiederum doppelt unterdrückt fand. Zahlreiche Bauernaufstände aus dieser Zeit, die nicht selten vom niederen Feudaladel angeführt wurden, der ebenfalls an die Macht drängte, belegen den Zustand beginnender innerer Zerrissenheit. Und nach wie vor beherrschte der Kampf zwischen Schiiten und Sunniten, der mit der Machtergreifung der Osmanen keinesfalls vollends entschieden war, die kurdischen Stämme.

Die Episode eines »Großkurdistan«

1639 zwangen die Osmanen die Perser zu einem Vertrag, der ihnen ganz Kurdistan sicherte. Dennoch verblieben einige Stämme und Fürstentümer in persischem Hoheitsgebiet, beispielsweise in der Region von Hamadan. Diese kurdischen Stämme verhielten sich trotz ihrer sunnitischen Religion stets äußerst zurückhaltend gegenüber den persischen Schahs, jederzeit darauf bedacht, ihre Freiheit und Souveränität zu erlangen. So nutzten sie am Beginn des 18. Jahrhunderts die schwache Herrschaft Schah Husains sofort aus, erhoben sich, belagerten sogar Hamadan und durchzogen das gesamte Gebiet bis Teheran mit Plünderungen.

Generell hatten die persischen Schahs nie eine glückliche Hand, wenn sie sich kurdischer Stämme und Fürsten bedienen wollten. So entsandte beispielsweise Schah Tahmasp II. 1722 den kurdischen Fürsten Feridun an der Spitze einer weitgehend persischen Armee gegen Isfahan, das die Afghanen besetzt hatten. Feridun jedoch geriet in Gefangenschaft und verlor seine Besitztümer, wurde aber bald darauf gegen ein Friedensversprechen freigelassen und erhielt auch wieder seine gesamten Besitzungen. Damit nun schloß er sich zur Bestürzung Schah Tahmasps II. sofort seinen bisherigen Feinden an.

Nicht minder problematisch verhielten sich die Kurden für die Osmanen in ihrem Reich. Die osmanischen Sultane hatten während des Krieges gegen die Perser bewußt ein recht zwielichtiges Spiel mit den Kurden arrangiert. Indem sie deren lokalen Machtzuwachs förderten und im Sinne ihrer Zentralisationsbestrebungen ein direktes Großkurdistan zu etablieren versuchten, nutzten sie den uralten kurdischen Traum aus, um sich eine sichere Grenze zu schaffen.

Dies geschah nicht selten mit Gewalt, galt es doch zuerst, die osmanische Macht vom Van-See bis zum Zagros-Gebirge zu stabilisieren. Dieses Streben wurde jedoch immer wieder durch die Politik der kurdischen Stämme untereinander, ihre Machtkämpfe und inneren Zwistigkeiten, untergraben.

Gegen diese Zustände sandte der Sultan Murad IV. den Heerführer Malak Ahmed Pasha, den er 1638 zum Generalstatthalter von Diyarbakir ernannte. Malak Ahmed Pasha unternahm regelrechte Strafexpeditionen gegen die verschiedensten kurdischen Stämme und Städte, um die Provinz mit Gewalt zu einigen. Bei Amadia überfiel er den Stamm der Mizuri, dessen Führer er ins Gefängnis nach Diyarbakir bringen ließ, um ihn letztlich gegen Lösegeld und Versprechen wieder freizulassen; er bestrafte die Jesidi von Sindjar gleichermaßen wie den Emir von Bitlis. Da alle diese Aktionen offensichtlich nicht nur darauf hinausliefen, die Kurden botmäßig unter einer Provinzgewalt zu halten, sondern Malak Ahmed Pashas Strafexpeditionen immer mit der Forderung nach Lösegeldern, sehr oft in beträchtlicher Höhe, verbunden waren, haben sie alle auch den Charakter regelrechter Raubzüge. Ihre politische Absicht, das Volk mit Angst und Schrecken niederzuhalten, erreichten sie größtenteils immer nur in jenen Gebieten, in denen der Heerführer sich gerade aufhielt. Eine »Einigung von oben« schien doch nicht den Vorstellungen der Kurden zu entsprechen. So geriet in einer außenpolitisch relativ ruhigen Phase das kurzzeitige »Groß-Kurdistan« unter den Schlägen Malak Ahmed Pashas zu einem fast winzigen Territorium, in dem noch kurdische Dynastien herrschen konnten und das wenig mehr als das Gebiet um den Van-See ausmachte. Fast tragisch ist in diesem Zusammenhang die Tatsache zu nennen, daß sich Ahmed Pasha bei seinen Strafexpeditionen gegen die Kurden eines Heeres bediente, welches zum größten Teil aus kurdischen Söldnern bestand, die gegen das eigene Volk zogen.

Neben derlei Tatsachen hat die Geschichte aber auch wiederum fast Kurioses zu vermelden. Als sich im Jahr 1666 der Sohn eines kurdischen Fürsten zum Messias, Erlöser, ernannte und bald eine für die Osmanen bedrohliche Anzahl von Anhängern um sich versammelte, zogen die Statthalter von Mosul und Amadia mit Waffengewalt gegen den Aufrührer. Anstatt ihn aber gefangenzusetzen oder hinzurichten, was zu erwarten gewesen wäre, nahm ihn der osmanische Sultan Muhammed IV. in seinen persönlichen Dienst auf. Einer derartig differenzierten und willkürlichen Taktik der Osmanen, die blutig strafte, andererseits aber auch unerwartete Milde zeigte, waren die Kurden mit ihrer Geradlinigkeit nicht gewachsen.

V. Das 20. Jahrhundert – immer wieder Hoffnung, immer wieder Blut

Der Sinn und Wert von Verträgen

Kurdistan liegt in einem geographisch und strategisch wichtigen Gebiet, das jahrhundertelang das Kampffeld verschiedener Imperien, Mächte und Staaten war und in diesem Augenblick ist. Immer wieder zog das Land im Verlauf der Geschichte das Interesse von Eroberern auf sich. Im Zentrum von Mittlerem und Nahem Osten ist es gleichzeitg Berührungspunkt zwischen Europa und Asien und liegt zwischen Mittelmeer und Schwarzem Meer am Weg von Mitteleuropa nach Indien. Seine Bedeutung erhöhte sich noch durch die Entdeckung großer Erdöllagerstätten in der Zeit des Ersten Weltkrieges. All dies machte das Land zu einem Schauplatz für Kriege und Machenschaften verschiedenster Mächte.

Die Teilung Kurdistans erfolgte im wesentlichen in zwei großen Etappen. Die erste Etappe wurde eingeleitet durch die Schlacht bei Tschaldyran, 1514, und festgelegt durch das Abkommen von Dahau, 1639, zwischen dem iranischen Schah Abbas und dem türkischen Sultan Murad IV. Dieses Abkommen riß Kurdistan in zwei Teile, einen iranischen und einen türkischen. Die zweite einschneidende Teilung erfolgte mit dem Sykes-Picot-Geheimabkommen von 1916 auf den politischen Trümmern des Osmanischen Imperiums, auf dessen Grundlage Kurdistan in vier Teile zerlegt und den Territorien der Türkei, Irans, Iraks und Syriens zugeschlagen wurde.

Mit diesen Teilungen wurden aber nicht nur dem kurdischen Volk Leiden und Lasten aufgebürdet, die Widernatürlichkeit der Zerstückelung bildete von Anbeginn den Keim für Unruhen und Kriege. Wenn man den Mittleren Osten immer wieder angesichts der dort stattfindenden Auseinandersetzungen als Pulverfaß oder tickende Bombe bezeichnet, so liegt es vor allem an jenen unsäglichen Teilungen – sie haben Kurdistan zur Zündschnur oder zum Zünder gemacht. Und indem die Weltmächte mit zum Entstehen der sogenannten »Kurdischen Frage« beigetragen haben, haben sie sich gleichzeitig die permanente Möglichkeit geschaffen, sich in die Angelegenheiten der Region einzumischen, dies geschieht sowohl moralisch wie auch militärisch bis auf den heutigen Tag und sollte durch die verschiedensten Verträge und Abkommen vor der Welt legalisiert werden.

Den Auftakt in diesem Jahrhundert bildete das bereits erwähnte Sykes-Picot-Geheimabkommen vom 16. Mai 1916, so benannt nach dem englischen Politiker Sykes und dem französischen Diplomaten Picot, die es gemeinsam aushandelten. Die ihnen von ihren Regierungen gestellte Aufgabe hieß: Aufteilung der asiatischen Regionen des Osmanischen Reiches. Das Reich lag sowohl politisch wie wirtschaftlich am Boden und befand sich, da die Deutschen ihren Einfluß in kolonialer Manier durchgesetzt hatten, am Rande einer militärischen Katastrophe; die voraussichtlichen Siegermächte England und Frankreich feilschten bereits im Vorfeld um die koloniale Beute, die vielversprechend war. Und Sykes und Picot lösten die ihnen gestellte Aufgabe in geheimen Sitzungen bravourös für die Sieger, doch schonungslos für die Kurden. Der Entwurf, den sie vorlegten, berücksichtigte in keiner Weise die Probleme der verschiedenen Völker noch deren nationale Interessen. Danach sollten Mesopotamien, Jordanien sowie die nördliche arabische Halbinsel dem britischen Einfluß unterstellt werden, während die Franzosen Syrien, Libanon sowie das ölreiche nordirakische Gebiet um Mosul zugesprochen bekamen. Dabei galt in den Verhandlungen der Alliierten dem Territorium Kurdistans besonderes Interesse, einerseits der strategischen Lage wegen, andererseits lockten natürlich das Öl und der Reichtum der anderen hier lagernden Bodenschätze.

Daß der Außenminister des noch existierenden russischen Zarenreiches, als ihm der Entwurf in Petrograd zur Abstimmung vorgelegt wurde, den Anschluß Kurdistans an das zaristische Rußland forderte und damit die russischen Rechte gegenüber den beiden anderen Vertragspartnern geltend machen wollte, änderte an der Farce nicht das geringste, sondern differenzierte die Teilungsabsichten nur. Sykes und Picot hatten die Landkarte mit Kleister und Schere verändert, ungeachtet des Blutes, das später deswegen fließen sollte.

Als nächster wartete der amerikanische Präsident Wilson mit einem Vorschlag auf. Am 8. Januar 1918 verkündete er in einer Rede vor dem Kongreß 14 Punkte, deren Nummer 12 folgendermaßen lautete:

»Den nichttürkischen Minderheiten im Osmanischen Reich muß die vollständige Möglichkeit eingeräumt werden, ihre Unabhängigkeit weit entfernt von jeglicher Einmischung und Beeinflussung auszuüben.« Das hörte sich ebenso politisch vernünftig wie hoffnungsvoll an, und nicht wenige kurdische Führer mochten dem Glauben schenken. In Wirklichkeit aber ging es

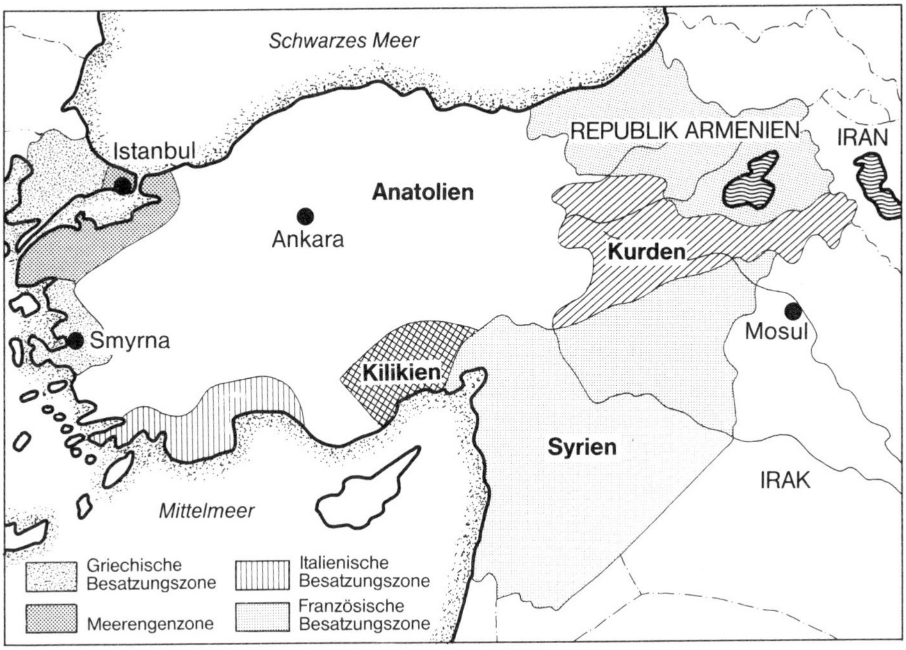

Die Türkei nach dem Friedensvertrag von Sèvres (10. 8. 1920)

Präsident Wilson weniger um den Frieden in dieser Region; was ihn beunruhigte war vielmehr der bedrohlich gewachsene Einfluß der Briten und Franzosen in der östlichen Hemisphäre. Den zurückzudrängen, indem er die unterdrückten Völker und natürlich deren Führer auf seine Seite zu ziehen versuchte, war eine seiner Absichten. Daß das amerikanische Programm letzten Endes weniger wert war als das Papier, auf dem es stand, und die gesetzten Federstriche die einzigen diesbezüglichen Bewegungen waren, sei nur der Vollständigkeit halber hinzugefügt.

Als nächstes folgte im Sommer 1920 der Vertrag von Sèvres. Wieder ging es den Siegermächten um die Kriegsbeute »Osmanisches Reich«, diesmal jedoch in Anwesenheit verschiedener nationaler Delegationen, da die Friedenskonferenz bei Paris mit der Ordnung der Ergebnisse des Ersten Weltkrieges sich auch zum Ziel gesetzt hatte, die »Kurdenfrage« zu klären. Die kurdische Delegation, an deren Spitze der General Scherif Pascha stand, plädierte entschieden für die nationalen Rechte des kurdischen Volkes. Und auch der auf der Konferenz ausgehandelte Vertrag beinhaltete schließlich einige Forderungen der Kurden, die in den Artikeln 62, 63 und 64 festgelegt wurden. Danach wurde der Türkei jegliches Anrecht auf kurdisches Territorium abgesprochen – was zu diesem Zeitpunkt allerdings lediglich die Formulierung einer Tatsache war, die die Alliierten bereits vier Jahre zuvor mit dem untereinander geschlossenen Sykes-Picot-Geheimvertrag zu ihren Gunsten entschieden hatten. Weiterhin sollte dem kurdischen Volk »auf Wunsch« seine Unabhängigkeit ermöglicht werden.

Die türkische Regierung respektierte diesen Vertrag zwar, jedoch wurde er nie ratifiziert, ja gelangte nicht einmal über die entsprechenden Minister zur Bekanntgabe an die türkischen Volksvertretungen. Der Friedensvertrag von Sèvres, der so vielversprechend die Kurdenfrage lösen wollte und zu dessen Aushandlung die Delegation Scherif Paschas mit nicht geringer Hoffnung nach Frankreich gefahren war, stellte sich im nachhinein als ein leb- und wertloses Dokument dar. Der Vertrag von Lausanne, wo von November 1922 bis Juli 1923 wiederum Friedensverhandlungen stattfanden, brachte Kurdistan ebenfalls keinen nationalen Frieden. Im Gegenteil revidierten die Ergebnisse sogar den Vertrag von Sèvres, indem die Türkei Kurdistan wieder beanspruchen konnte, während nur über die Zugehörigkeit des Mosulgebietes der Völkerbund entscheiden sollte. Lediglich in einem Artikel wurde die Türkei verpflichtet, die Rechte der Minderheiten auf ihrem Territorium zu garantieren. Dabei wurde die kurdische Nationalität nicht einmal erwähnt.

»Die türkische Regierung verpflichtet sich, allen Einwohnern der Türkei vollen und ganzen Schutz ihres Lebens und ihrer Freiheit zu gewähren ohne den

Unterschied der Geburt, Nationalität, Sprache oder Religion«, hieß es in dem Vertrag, der völkerrechtlichen Status hatte.

Mustafa Kemal, der neue starke Mann der Türkei, hatte so innerhalb kürzester Zeit alle vorangegangenen Abkommen, die zumindest noch Hoffnungsschimmer für die Kurden bedeuteten, zunichte gemacht. Doch es sollte noch schlimmer kommen. Noch im Jahr des Vertragsabschlusses verbot die Regierung in Ankara in den kurdischen Gebieten den Gebrauch der kurdischen Sprache im gesamten öffentlichen Verkehr und versah fast sämtliche Dörfer und Städte mit türkischen Ortsnamen. Buchstäblich über Nacht machte sie damit die Kurden zu Analphabeten, da diese, des Türkischen nicht mächtig, sich in den Amtsstuben, den Postämtern und überhaupt sämtlichen Dienststellen nicht mehr zurechtfanden, ja nicht einmal ihren Ortsnamen lesen beziehungsweise schreiben konnten. Doch dies war nur der Anfang eines groß angelegten und gewaltsamen Assimilierungsprozesses, der sich über jedes Völkerrecht hinwegsetzte. Im Selbstverständnis der Türkei gab es keine Kurden mehr, sondern nur noch »Bergtürken«. Da diese keine eigene Nationalität darstellten, galten für sie auch keinesfalls die entsprechenden Festlegungen des Vertrages von Lausanne.

Das Blutjahr 1925

Es ist bezeichnend für die kaltblütige »Normalität« der türkischen Strategie, daß sie alle diese Maßnahmen veranlaßte und durchführte, ohne auch nur im geringsten die kurdische Mentalität zu bedenken, ja nicht einmal einzukalkulieren, daß diese Form moderner Versklavung eines ganzen Volkes Widerstand geradezu provozieren mußte.

Als die Repressalien auch auf religiösem Gebiet einsetzten und schließlich die Lage der kurdischen Provinzen wahren Notstandscharakter erreichte, brachte dies das Faß zum Überlaufen. Im Frühjahr 1925 sahen die Kurden keine andere Möglichkeit mehr und erhoben sich in einem ersten großen Aufstand gegen das Kemal-Regime. Führer des Aufstandes war Scheich Said, der schnell Zulauf aus fast allen Provinzen erhielt. Wie ein Lauffeuer breitete sich der bewaffnete Widerstand aus und umfaßte innerhalb kürzester Zeit das gesamte Gebiet westlich des Van-Sees und der Oberläufe von Euphrat und Tigris, wo schließlich etwa 35 000 Mann die ortsansässigen Posten der verhaßten Jandarmas, der türkischen Gendarmerie, und die Armee buchstäblich verjagten. Im Februar hatte der Aufruhr begonnen, und zwei Monate brauchte die völlig überraschte türkische Regierung, um größere Armee-Einheiten zu mobilisieren. Deren Vorgehen wurde aber zum regelrechten Völkermord: Hunderte von Dörfern wurden dem Erdboden gleichgemacht, Tausende Zivilisten umgebracht, wobei die »Strafexpedition« weder Greise noch Frauen, noch Kinder verschonte. Wer nicht rechtzeitig in den Schutz der unzugänglichen Berge flüchten konnte, wurde das Opfer türkischer Kugeln und Bajonette. Die Überlebenden wurden zwangsumgesiedelt und ganze Landstriche zu militärischen Sperrgebieten erklärt. Noch im Frühjahr ließ das türkische Regime Scheich Said und über hundert andere Kurdenführer innerhalb weniger Tage in der Stadt Erzerum öffentlich hinrichten. Damit fand der erste große antitürkische Aufstand, der faktisch ein direktes Ergebnis der Teilungsabkommen nach 1916 war, sein blutiges Ende. Die Unabhängigkeitsbewegung war empfindlich getroffen worden, gebrochen war sie allerdings nicht. Fast zur gleichen Zeit brachen in Persien, wo Schah Reza Pahlewi gerade die Macht an sich gerissen hatte, unter den dortigen Kurdenstämmen aus ähnlichen Gründen Erhebungen aus. Doch weder verstanden die Kämpfenden es, sich zu vereinigen, noch kam es zu einer grenzüberschreitenden kurdischen Allianz, die unvergleichlich machtvoller gewesen wäre. Ob diese dann allerdings siegreich hätte sein können, ist eine äußerst spekulative Frage. Die Weltmächte hatten Kurdistan entsprechend ihren kolonialen Interessen geteilt und waren jederzeit bereit, Hand in Hand mit der Türkei, dem Iran, Irak und Syrien die Teilung aufrechtzuhalten. Bereits im antitürkischen Aufstand von 1925 führten sie einer schweigenden Weltöffentlichkeit vor, daß das auch ein direktes militärisches Eingreifen einschloß. So begann der bis heute andauernde Völkermord an den Kurden, an dem sich sowohl britische Kampfflugzeuge wie auch französische Armee-Einheiten beteiligten.

So wie der Aufstand von 1925 wurden alle weiteren kurdischen Erhebungen der nächsten Jahrzehnte blutig niedergeschlagen. Milliarden von Mark wurden in militärische Operationen investiert, jedoch rührte sich kein Finger, die wahre Ursache des anhaltenden kurdischen Freiheitskampfes zu beseitigen – ebenjene unsägliche Teilung ihres Siedlungsgebietes. Die Niederlage von 1925 brachte den Kurden außer der leidvollen Erfahrung des Besiegten die wichtige Erkenntnis, daß künftige Aktionen einer zentralen Koordinierung bedürfen. Nicht mehr um die Freiheit oder Autonomie eines einzelnen Stammes oder kleinen Gebietes sollte gekämpft werden, sondern um die Freiheit Kurdistans, zumindest eines großen Teiles. Bereits zwei Jahre nach der Niederlage in der Türkei gründeten sie die *Khoybun* (Unabhängigkeit) und erklärten als politisches Ziel der einigenden Organisation ein unabhängiges Kurdistan. Praktisch ließ sich diese Taktik, in allen vier Landesteilen gleichzeitig Aufstände zu entfachen, nie verwirkli-

Pesh Merga-Lager in der Nähe von Sardasht, Iran

Iranische Partisanen in einem nordirakischen Flüchtlingslager bei Halabjah

Seite 114: oben links und rechts:
Junge Hirtenmädchen bei Chuwarta in Irakisch-Kurdistan
unten: Hirtenzelte auf einer Hochebene bei Sardasht, Iran

Seite 116: Irakische Kurdin in einem Flüchtlingslager auf iranischem Boden beim Backen des hauchdünnen Fladenbrotes

Seite 117: Iranischer Pesh Merga-Kämpfer an der Grenze bei Paveh

Kurdischer Friedhof für Gefallene des Barsani-Aufstandes

Seite 118: oben links/rechts und unten:
Iranische Pesh Merga an der Grenze bei Paveh während der Vorbereitungen für einen Angriff gegen iranische Revolutionsgardisten

Seite 120: Schmale Saumpfade – hier bei Sardasht, in Richtung auf die irakische Grenze – oftmals die einzige Möglichkeit, sich in Kurdistan fortzubewegen

chen. Außerdem erwog man bei einer Erhebung in einem oder zwei Landesteilen immer die Möglichkeit des Nachschubs aus den anderen Teilen oder suchte für den Fall einer Niederlage einen Rückzugsweg.

Nach 1925 erhoben sich die Kurden in der Türkei noch zweimal in großen Aufständen: 1930 nordöstlich des Van-Sees an der Grenze zum Iran und 1937 im nordwestlichen Teil der Provinz Dersim, die aber ebenfalls beide ein blutiges Ende fanden. Die Schwierigkeit, in diesem Zusammenhang exakte Zahlen anzuführen, muß nicht betont werden; allein vorsichtige Schätzungen geben 100 000 getötete Kurden an und fast die doppelte Anzahl an Deportierten.

Die Folge dieser Aufstände war eine ständig wachsende Militärpräsenz. Der gesamte kurdische Teil der Türkei wurde mit Garnisonen und Gendarmeriestationen förmlich überzogen, zum Militärbezirk deklariert und unter militärischen Ausnahmezustand gestellt. Ruhe sollte in diesem Teil der Türkei herrschen – Friedhofsruhe. Die Entwicklung wurde so weit vorangetrieben, daß heute im kurdischen Teil der Türkei, der ein Drittel der Gesamtfläche des Landes einnimmt und in dem etwa auch ein Drittel der Gesamtbevölkerung lebt, weit mehr als die Hälfte der türkischen Armee- und Polizeieinheiten konzentriert sind – um ebendiese Ruhe zu garantieren!

Das Tauziehen um Mosul

Die Lausanner Konferenz hatte trotz ihrer verhältnismäßig langen Tagungszeit von über einem halben Jahr ein Problem nicht lösen können – die Aufteilung der Mosulgegend.

Vor dem Ersten Weltkrieg war diese Region, in der auch die südlichen Gebiete Kurdistans mit Kirkuk, Arbil und Sulaimania liegen, eine Provinz des Osmanischen Reiches. Ihr Reichtum an Bodenschätzen, besonders Erdöl, und die geostrategische Lage machten sie zu einer permanenten Streitfrage in den Verträgen und Abkommen zwischen den jeweiligen Staaten, die das Problem jedoch nicht zu lösen vermochten; um das Schicksal Mosuls entbrannte ein langer und scharfer Kampf zwischen Großbritannien, Frankreich und der Türkei.

Die Unterhändler Sykes und Picot hatten in ihren geheimen Tagungen die Bedeutung dieser Provinz bereits erkannt, gesondert behandelt und sie in ihrem Vorschlagsentwurf schließlich dem französischen Einflußgebiet zugeschlagen. Da Großbritannien aber im Kriegsverlauf unter anderem auch Mosul besetzt und dessen immense wirtschaftliche und politische Bedeutung sofort erkannt hatte, zwang es in zähen Verhandlungen Frankreich, die Ansprüche auf das Gebiet aufzugeben. Quasi als »Entschädigung« zogen die britischen Truppen aus Kilikien ab und übergaben jene Provinz dem französischen Mandat. Legalisiert wurde das makabre Kolonialgeschäft in einem britisch-französischen Abkommen von 1920. Der Vertrag von Sèvres retuschierte nur noch die ohnehin vollendete Tatsache, indem die Provinz Mosul dem bereits festgelegten Mandatsgebiet Großbritanniens, dem Staat Irak, zugeordnet wurde.

Gegen all diese Machenschaften intervenierte die neue türkische Regierung unter Kemal und verlangte neben der Rückgabe der ehemaligen osmanischen Territorien vor allem auch die Angliederung von Mosul. Und obwohl die türkische Delegation in äußerst taktierenden und ebenso unnachgiebigen Diskussionen während der darauffolgenden Lausanner Konferenz, die von mehreren britisch-türkischen Zusammenstößen charakterisiert war, die kurdischen Gebiete wieder an sich reißen konnte, gelang ihr in der Mosulfrage kein Erfolg. Einzig und allein darin, sie nicht den rechtmäßigen Besitzern und Einwohnern, eben den Kurden, zu überlassen und damit zumindest eine autonome Region zu schaffen, waren sich die streitenden Parteien einig. So liest sich der Artikel 3 besagten Abkommens schließlich wie die Bankrotterklärung eines ohnehin äußerst fragwürdigen Handels: *»Die Grenzen zwischen der Türkei und Irak werden im Einvernehmen zwischen der Türkei und Großbritannien innerhalb von neun Monaten festgelegt. Wenn die beiden Regierungen innerhalb der erwähnten Frist nicht zu einer gemeinsamen Vereinbarung kommen, dann wird das Problem dem Völkerbund vorgelegt.«*

Noch während der Lausanner Konferenz wandte sich die Regierung Großbritanniens, da sich die gegensätzlichen Positionen verhärteten und bedrohlich zuspitzten, an den Generalsekretär des wenige Jahre zuvor zur friedlichen Beilegung derartiger Diskrepanzen gegründeten Völkerbundes in Genf: *»Wir möchten die Aufmerksamkeit des Völkerbundes auf dieses Problem lenken, denn es beeinflußt die internationalen Beziehungen und bedroht den Frieden in der ganzen Welt.«* Andererseits versuchte die Türkei einen Vorstoß, indem sie versicherte, daß sie »den Briten die Erdölkonzessionen überlassen wird, wenn die Briten ihnen die Kurden überlassen«. Diese beiden Positionen verdeutlichen nicht nur die politische und wirtschaftliche Dimension der strittigen Frage, sie enthüllen gleichzeitig auch die jeweiligen Absichten. Wobei das türkische Eingeständnis doch wohl mehr einen taktischen Schachzug darstellte und sehr wahrscheinlich von der Tatsache ausging, daß, wer einmal das Land in seinen Besitz gebracht haben würde, früher oder später auch nach den Bodenschätzen würde greifen können.

Nachdem bilaterale Verhandlungen im Frühjahr 1924 in Istanbul keine diesbezüglichen Ergebnisse erbracht hatten, legten die Briten im August desselben Jahres dem Völkerbund das Problem zur Entscheidung vor, der in einem Beschluß festlegte, die sogenannte »Brüsseler Linie« als Grenzlinie zwischen der Türkei und Irak zu betrachten. Das bedeutete eine endgültige Anerkennung der Lausanner Vereinbarung, die die Region Mosul dem britischen Mandatsgebiet Irak unterstellt hatte. Der Türkei blieb nur die Möglichkeit, sich der Festlegung zu beugen. Die erbitterte Enttäuschung der Türken wurde auch dadurch nicht wesentlich gemindert, daß man ihnen das Recht einräumte, für einen Zeitraum von 20 Jahren 10% des Erdöls, das im Gebiet Mosul gefördert würde, zu beanspruchen. Dies war ihnen nur ein winziges Pflaster auf eine viel zu große Wunde, die bis heute nicht vernarbt ist.

Für Irak bedeutete der Anschluß, in den Besitz des größten und reichsten Erdölfeldes zu kommen – dessen Nutzung widmete es sich dann auch wesentlich intensiver als der Lösung der Probleme der kurdischen Bevölkerung des Gebietes. Diese sind geblieben. Und geblieben ist auch die alte Streitfrage um die strategisch und wirtschaftlich wichtige kurdische Region. Beide Staaten sehen das als eine ihrer bilateralen Fragen an; weder die Türkei noch der Irak käme auch nur auf die Idee, daß es eigentlich primär eine Frage für die Kurden wäre.

Ein Wolfsgesetz

Wenn in den kurdische Bergen die Wölfe ein Reh oder eine Gazelle aufspüren, hetzen sie das Opfer fast immer in den sicheren Tod. Sie jagen gemeinsam und ergänzen sich instinktiv in ihren Angriffen. Wenn sie jedoch über das zur Strecke gebrachte Wild herfallen und es zerfleischen, gehen sie sich nicht selten auch gegenseitig an die Gurgel, beißen sich und fallen sich selbst an über der Beute, von der sie einander kaum ein Stück gönnen. Ihr Instinkt schert sich nicht im geringsten darum, ob es ein Reh ist, eine Gazelle oder ein wildes Schwein – es ist ihnen Fraß, der das Überleben möglich macht und von dem am Ende nichts bleibt als ein paar Knochen und Fetzen vom Fell. Das ist so, und es ist ein ehernes Gesetz der Natur. Und der Mensch hat im Laufe seiner Entwicklung von der Natur gelernt, sich ihrer Gesetze zu bedienen, auch der brutalsten und makabersten.

Das Sykes-Picot-Geheimabkommen und alle ihm nachfolgenden Verträge und Konferenzen hatten keinesfalls das direkte und erklärte Ziel, einen selbständigen Staat Kurdistan unbedingt zu verhindern oder das Land der

Kurden um jeden Preis zu zerteilen. Den Siegermächten, vorrangig Großbritannien und Frankreich, ging es darum, mit dem Ausgang und den Ergebnissen des Ersten Weltkrieges den Nahen und Mittleren Osten noch mehr unter ihren politischen, militärischen und wirtschaftlichen Einfluß zu bringen und die gemachte »Landbeute« in handliche, das heißt beherrsch- und benutzbare Territorien zu zergliedern. Dabei galt dem zur Strecke gebrachten, total am Boden liegenden Osmanischen Reich und den angrenzenden Regionen das größte Interesse, wobei die jeweiligen Ansprüche zuweilen stark divergierten; besonders nachdem Kemal Atatürk für seine neu zurechtgeschmiedete Türkei immer machtvoller in die Aufteilung einzugreifen begann.

Ganz anders als die Wölfe, nämlich an Konferenztischen und mittels papierner Verträge, lösten sie das Problem, wobei sämtliche Abkommen und Verträge beweisen, daß hier ausschließlich die Interessen der neuen Machthaber Berücksichtigung fanden. Die nämlich scherten sich nicht im geringsten um die Nationen und Völker, um historisch Gewachsenes oder ethnisch Gemeinsames. Ungeachtet dessen und fernab von den betroffenen Territorien zogen sie in kühler Berechnung ihre einschneidenden Striche auf den Landkarten und zerteilten so auch Kurdistan gleich mehrfach. Die historische Chance, der Region zu dieser Zeit einen dauerhaften Frieden zu geben und der kurdischen Nationalität endlich eine Nation, sahen sie über ihren eigenen machtpolitischen Erwägungen nicht einmal. Jeder der Sieger war auf seinen Anteil bedacht, und auch die ehemals Besiegten, doch wieder Erstarkten – wie die Türkei –, sicherten sich den ihren. Völlig leer gingen nur die schon immer Unterlegenen, immer Unterdrückten aus – vor allem die Kurden. Und wenn auch die Mächtigen in diesem großen Landpoker nicht alle ihre jeweiligen Ziele hatten erreichen können, so einigten sie sich schließlich doch; das Geschäft war gemacht, das Spiel galt. Um so mehr erstaunte sie bereits kurze Zeit darauf, daß es in den von ihnen zerstückelten und zurechtgeschnittenen Konglomeraten gärte, daß allerorten größere und kleinere Aufstände gegenüber den alten und neuen Machthabern aufflammten. Es brodelte in Kurdistan, und die Regierungen aller beteiligten Staaten besahen sich den Unruheherd, wie man in einen Kochtopf hineinzugucken pflegt, in welchem es siedet, und beschlossen gemeinsam, etwas zu tun. Normalerweise, und um im Bild zu bleiben, macht jede Hausfrau in diesem Fall das Vernünftigste, um den Topf nicht zum Überkochen zu bringen: Sie stellt das Feuer darunter kleiner. Die Regierungen jedoch – vor die Entscheidung zwischen Vernunft und Gewaltanwendung gestellt – entschieden sich rasch und einstimmig für letztere, was ganz salopp heißen würde: Deckel drauf! Denn nicht etwa eine vernünftige

Überprüfung und Revidierung der gewaltsamen Zerstückelung erwogen sie, sondern vielmehr die Koordinierung der ansonsten kaum Hand in Hand gehenden jeweiligen politischen Ziele.

Das Zeitalter der Pakte

Im überaus prächtigen Saad-Abad-Palast in Teheran, der Residenz des persischen Schahs, trafen sich im Juli 1937 hohe Regierungsdelegationen der Türkei, Irans, Iraks und Afghanistans auf Initiative und unter der Aufsicht Großbritanniens. Die Einberufung und Einladung zu diesem Treffen war letzten Endes kurzfristig, fast überstürzt erfolgt, und besonders der Regierung der Türkei war an einer baldmöglichen Übereinkunft gelegen. Wenige Jahre zuvor war ein großer Kurdenaufstand nur mit beträchtlichem militärischem Aufwand niedergeschlagen worden, und gerade wieder loderte die Fackel des Aufruhrs im Gebiet von Dersim und drohte sich zu einem riesigen kurdischen Flächenbrand auszuweiten. Tausende von Bauern hatten sich bereits zu Partisaneneinheiten zusammengeschlossen, und eiligsts verhängte die türkische Regierung eine totale Mobilmachung der waffenfähigen Männer. Mitten in diesen Ereignissen, am 8. Juli 1937, unterzeichneten die anwesenden Delegationen einen Pakt, dessen Artikel 7 festlegte: *»Jede der hohen vertragsschließenden Seiten verpflichtet sich, auf ihrem Boden die notwendigen Schritte gegen die Gründung oder Tätigkeit jeglicher bewaffneter Banden zu unternehmen sowie gegen Blöcke oder Organisationen, die einer der unterzeichnenden Regierungen feindlich gegenüberstehen.«*

Dieser Passus war eindeutig gegen die kurdische Befreiungsbewegung gerichtet, die in direkter Weise auf den kurdischen Territorien von drei der Unterzeichnerstaaten operierte. Doch der Pakt von Saad Abad war nur der Auftakt zur konzertierten, brutalen Gewaltanwendung gegen jegliche Form kurdischer Freiheitsbestrebungen. Ihm sollten weitere multi- und bilaterale Verträge folgen, die immer differenzierter und präziser die aggressive Politik der Unterdrückerstaaten gerade gegen die Kurden festschrieben. Am 29. März 1946 wurde in Ankara ein »Vertrag über Freundschaft und gute Nachbarschaft« vereinbart – natürlich nicht mit den Kurden. Ungeachtet der immer wieder aufbrechenden Differenzen um die Mosulregion schlossen sich die Türkei und Irak in »Freundschaft« gegen den gemeinsamen Feind im jeweiligen Land zusammen. Zu den vereinbarten Protokollen zählten:

a) ein Protokoll über die gegenseitige Zusammenarbeit in Sicherheitsfragen;

b) ein Protokoll über die Grenzen;

c) eine Vereinbarung über die Auslieferung von Verbrechern.

Es muß hier nicht immer wieder der eindeutig antikurdische Aspekt aller dieser und der folgenden Verträge vermerkt und kommentiert werden; die jeweiligen Passagen und Formulierungen sprechen eine deutliche Sprache:

Artikel 10: *»Die beiden hohen vertragsschließenden Seiten stimmen dem Austausch von Informationen über schädliche Propaganda und destruktive Prinzipien, die in den Gesetzen beider Länder verboten sind und die Sicherheit gefährden und den Geist der Rebellion im jeweils anderen Land verbreiten, zu.«*

Artikel 15: *»Zum Zwecke der Erweiterung der Aktivität der Einrichtungen für die Sicherheit in beiden Ländern, gleichzeitig zur Gewährleistung der Homogenität und Einheitlichkeit der durch diese Einrichtungen genutzten Formen und Methoden besonders bei den Nachrichtendiensten und den polizeilichen Techniken sowie zur Unterstützung der Mitarbeiter der Sicherheitseinrichtungen in beiden Ländern beim gegenseitigen Kennenlernen durch Besuche an ihren Arbeitsstätten, verpflichten sich die beiden hohen vertragsschließenden Seiten zum gegenseitigen Austausch von Gesetzen, Polizeiverordnungen, Reformen und vorgenommenen Änderungen sowie zur Entsendung von Schülern und Beamten an die Ausbildungseinrichtungen der anderen Seite und zur Organisierung von gegenseitigen Besuchen zwischen den Mitgliedern der Sicherheitseinrichtungen in ihren beiden Ländern.«*

Protokoll Nr. 6, Artikel 4 (Frage der Grenzen): *»Die Grenzbehörden in erster Instanz entscheiden im gegenseitigen Einvernehmen die Durchführung von örtlichen Untersuchungen, wenn dies notwendig wird. Die örtlichen Untersuchungen sind auf ein Gebiet von nicht mehr als drei Kilometern von den Grenzen beider Seiten entfernt beschränkt. Die Grenzbehörden haben das Recht, die durch die Grenzziehung Geschädigten, Zeugen und Spezialisten mitzuführen, die sie für die Untersuchung als notwendig erachten.«*

Artikel 12 des dritten Abschnittes (Das allgemeine Regime und die Sicherheit im Grenzgebiet): *»Die Grenzbehörden unterrichten sich gegenseitig über alle Informationen, die erhältlich sind, wenn Hinweise vorliegen über Vorbereitungen einer Person oder einer Gruppe von Personen zur Durchführung von Tätigkeiten im Grenzgebiet, die sich gegen das Regime oder die Sicherheit der anderen Seite richten. Diese Behörden informieren sich gegenseitig über Rechtsverletzungen, wie auch immer sie auf dem Territorium der beiden Seiten begangen worden sind, bei denen die Rechtsbrecher im Land der anderen Seite Zuflucht suchen könnten. Die Behörden beider Länder unternehmen alle Maßnahmen zur Verhinderung des Auftretens solcher Aktivitäten und dazu, daß die Täter die Grenzen überschreiten. Wenn notwendig, kann ei-*

ne gemeinsame Vereinbarung über eine Zusammenkunft an der Grenze über die durchzuführenden Maßnahmen getroffen werden.«

Artikel 14: *»Die beiden hohen vertragsschließenden Seiten verpflichten sich zum ständigen Schutz der Grenzen vor Aktivitäten bewaffneter Personen, seien es Individuen oder Gruppen, alle Maßnahmen einzuleiten, die zur Verhinderung von Grenzübertritten durch bewaffnete Personen oder solche, die militärische Ausrüstungen, einschließlich Pistolen und Gewehre aller Arten, bei sich tragen, dienlich sind. Die jeweils andere Seite wird über jede Maßnahme oder Verordnung, die in diesem Zusammenhang getroffen werden, informiert.«*

Und schließlich Artikel 16: *»Straftäter und Rechtsverletzer, die ihre Taten im Grenzgebiet begehen, sowie Straftäter und Rechtsverletzer, die ihre Taten außerhalb des Grenzgebietes begehen und in den erwähnten Gebieten Zuflucht suchen, werden durch die betreffenden Behörden sofort verhaftet. Diese Behörden treffen die Maßnahmen zur Begleichung von Schäden. Wenn die Straftäter zu den Bürgern des Staates gehören, in dem sie die Straftat begangen haben, werden sie bei Vorliegen des schriftlichen Auslieferungsantrages der Behörden erster Instanz ohne weitere Formalitäten ausgeliefert. Dieser Antrag muß wie das Muster in der Anlage 1 dieses Protokolls ausgefertigt sein (Name des Angeklagten, Name seines Vaters, Geburtsort und Geburtsdatum, Nationalität, Datum der Straftat, Ort der Straftat, kurze Schilderung des Tatherganges, die Richtung, die der Angeklagte eingeschlagen hat und die Richtung, die er wahrscheinlich nehmen wird).«*

Kein Kommentar zu diesem »Vertrag über Freundschaft und gute Nachbarschaft«!

Wenn man die Zeit des Ersten Weltkrieges und die Jahre danach als eine Etappe der vertraglichen Teilungen des kurdischen Territoriums charakterisieren würde, träfe für die darauffolgenden Jahrzehnte die Formulierung zu: Zeit der Pakte zur Bekämpfung der aus diesen Teilungen resultierenden kurdischen Befreiungsbewegungen. Ein Beispiel für die aktive Durchsetzung dieser Pakte durch die jeweiligen Unterzeichnerstaaten war die Unterwerfung des Dschawairu-Stammes in der Mitte der 50er Jahre im Iran. Östlich der Zagros-Kette, von Kermanschah bis Sulaimania, hatten sich nach einem Aufruf dieses Stammes die Kurden gegen das Schah-Regime erhoben. Vor allem Bauern, die unter dem Druck der Zentralmacht immer mehr in soziales Elend gerieten, trugen die Bewegung, an deren Spitze vor allem verarmte Aghas standen, und erreichten für ihr Gebiet eine Art Selbstverwaltung. Als am 24. Februar 1955 in Bagdad der gleichnamige Pakt gegründet wurde, der sich eigens eine »Kommission zur Bekämpfung zerstörerischer Aktivitäten« schuf, war eine der ersten praktischen »Amtshandlungen« die Unterwerfung des Dschawairu-Stammes durch Iran und

Irak. Der Vollständigkeit halber sei angemerkt, daß nach der irakischen Revolution 1958 die neue Regierung in Bagdad aus diesem Vertrag austrat. Das ehemalige Hauptquartier des auch als CENTO-Pakt bezeichneten Abkommens (Central Treaty Organization) bezog kurz darauf die neugegründete »Union irakischer Schriftsteller«. Dennoch verging kaum ein Jahrzehnt – zwischen der Türkei und Irak oft nicht einmal ein Jahr! –, in dem nicht wiederum ein neuer, immer auf die konkrete Situation der Befreiungsbewegung bezogener Pakt in diesem Teil der Welt geschlossen wurde: 1975 beispielsweise wurde während der Gipfelkonferenz der arabischen erdölexportierenden Staaten (Opec) in Algier ein Abkommen geschlossen, an dessen Inhalt neben dem Schah Reza Pahlewi und Saddam Hussein (damals Vizepräsident des irakischen revolutionären Kommandorates) auch der später ermordete Präsident von Ägypten, Sadat, und König Hussein von Jordanien mitgearbeitet hatten. Dieses Abkommen war gegen die gesamte revolutionäre Bewegung in der Region und besonders in Irak und Iran gerichtet. Es war gedacht als eine Barriere gegen die Kämpfer der iranischen nationalen Bewegung und die Befreiungsfront von Arabistan, gegen die Revolution in Dhofar und der Volksdemokratischen Republik Jemen und zur Zerschlagung der revolutionären und kommunistischen Bewegung in Irak und Iran.

Die Hoffnung von Sulaimania

Von Bagdad bis Sulaimania sind es mit dem Auto etwa 350 Kilometer. Die Straße trifft nach etwa einer halben Stunde auf Khalis, das reich bestanden ist mit Palmen, Granatapfel- und Apfelsinenbäumen, schneidet über einen engen Paß die Hamrin-Bergkette, läuft über die mittelalterliche Stadt Tuz, Dakuk, das bekannt ist wegen seines berühmten Minaretts aus dem 13. Jahrhundert. Kirkuk und Tschemtschemal sind die nächstgrößeren Siedlungen, bis die Straße schließlich vom Süden her das von allen Seiten von Bergen umgebene Sulaimania erreicht.

Die Griechen sind über diesen Weg gezogen, die Glaubenskämpfer Mohammeds und schließlich auch die Briten während des Ersten Weltkrieges. Heute ist die Straße nur im Konvoi befahrbar, mehrfach gesichert von Panzerfahrzeugen und irakischen Scharfschützen. Sie alle haben ihre Probleme mit den »Dämonen der Berge« gehabt, den Kurden. Und haben sie heute noch.

1956 bewegte sich auf dieser Straße ein überaus ungewöhnlicher Konvoi, zwanzig oder dreißig Autos, normale Pkw, und nach jedem Dorf, jeder

Stadt, die der Konvoi passierte, kamen neue hinzu. An den Straßenrändern standen die Menschen in endlosen, trauernden Reihen und verneigten sich vor einem unscheinbaren Auto, auf dessen Dach ein Sarg befestigt war. Nirgends hatte es eine konkrete öffentliche Verlautbarung gegeben, wann genau der Konvoi seinen Weg von Bagdad nach Sulaimania nehmen würde, doch sprach sich die Nachricht in Windeseile herum und flog wie ein Falke über die gesamte Strecke – Scheich Mahmud kommt; Scheich Mahmud, der legendäre Kurdenführer der 20er Jahre, durfte nach jahrzehntelanger Verbannung in seinen Heimatort zurückkehren, auf dem Dach eines Autos, in einem schlichten und einfachen Sarg. Scheich Mahmud war gestorben, und ganz Kurdistan trauerte. Vor über drei Jahrzehnten hatte hier im südlichen Teil Kurdistans der Scheich und Bürgermeister von Sulaimania, Mahmud Al Hafid, die Wirrnisse des Ersten Weltkrieges benutzt, um in Verhandlungen mit den britischen Besatzern eine souveräne Region zu erwirken. Am 2. November 1918 wurde er nach freier Wahl zum Oberhaupt Kurdistans ernannt, zu der sogar Colonel Wilson, der englische Militärgouverneur des Irak, nach Sulaimania einflog, um zu gratulieren. Scheich Mahmud vertraute den britischen Besatzern und ahnte nichts von den Verhandlungen, die hinter seinem Rücken mit Frankreich, dem Irak und der Türkei geführt wurden. Andererseits vertrat er einen geradlinigen politischen Kurs im Sinne der kurdischen Souveränität, gerade auch gegen die britische Kolonialmacht, was nicht selten zu Zusammenstößen zwischen Kurden und britischen Einheiten führte. Als Scheich Mahmud schließlich am 21. Mai 1919 Sulaimania besetzen ließ und die Besatzereinheiten vertrieb, konnten ihn diese nur mit List und Verrat besiegen. In der Schlucht von Bazyan zwischen Sulaimania und Kirkuk wurde der Kurdenführer im Kampf verwundet, unter stärkster Bewachung nach Bagdad gebracht und dort von einem britischen Militärgericht zum Tode verurteilt, jedoch nicht hingerichtet, sondern auf Lebenszeit verbannt. Darauf kam es in den folgenden Monaten zu erbitterten Aufständen, bei denen zwar einige britische Beamte und Offiziere erschossen wurden, letztlich aber aller Widerstand im Kugelhagel erstarb. Colonel Wilson jedoch mußte die Einsicht nach London kabeln, daß die Kurden »die Idee eines Kurdistans« nie aufgäben und sich freiwillig weder unter türkische noch unter irakische Herrschaft stellen lassen würden.

Es gibt eine Fotografie von Scheich Mahmud. Er steht aufrecht, hat die Hände auf dem Rücken verschränkt, und sein Blick ist finster und irgendwohin ins Leere gerichtet. Betrachtet man dieses Bild länger, so drängt sich immer mehr der Gedanke auf, daß er sein Schicksal und das seines Volkes geahnt hat; als wisse er, daß er den alten kurdischen Fehler, sich mit fremden Machthabern einzulassen und am Ende dennoch betrogen zu werden, nicht hätte wiederholen sollen.

Die Tage der Republik

Jeder kurdische Abriß – wiewohl kaum einer das Prädikat »umfassend« beanspruchen könnte – wäre unvollständig, würde er nicht auf die elf stolzesten Monate in der Geschichte des Volkes eingehen: die Tage vom 23. Januar bis zum 17. Dezember 1946. Dabei hatte alles fast abenteuerlich-harmlos in einem der relativ stillen Winkel im Süden Iranisch-Kurdistans begonnen. Die Region – am Ende des Zweiten Weltkrieges fast politisches Niemandsland zwischen britischer und sowjetischer Besatzungszone – schien auf den ersten Blick wenig prädestiniert, einmal Zentrum einer großen kurdischen Bewegung, gar einer Republik zu werden. Selbst als sich hier ein gutes Dutzend Kurden zusammenfand, um wieder einmal den alten kurdischen Traum einer Autonomie, gar eines eigenen Staates zu diskutieren, und schließlich fast verschwörerisch die KOMALA gründete, das »Komitee für die Auferstehung Kurdistans«, waren derlei weltbewegende Veränderungen keinesfalls absehbar.

Doch wie ein Lauffeuer verbreitete sich die Bewegung, griff schließlich sogar über die Grenzen, und Kurdenführer aus der Türkei und dem Irak sicherten militärische und moralische Unterstützung zu. Der prominente Richter Ghasi Muhammad wurde zum Führer gewählt, eine Zeitung »Kurdistan« herausgebracht, Waffen organisiert, ein eigener Sender installiert. Als am 23. Januar 1946 schließlich die Demokratische Republik von Mahabad ausgerufen wurde, mochte ein großer Teil der Bevölkerung noch gar nicht glauben, daß ihr ältester Traum soeben Wirklichkeit geworden war. Bis auf den heutigen Tag streiten die Historiker über dieses Phänomen »Mahabad«, wie es entstehen konnte oder welche Rolle die zeitweise Rükkendeckung durch Stalin und die noch nachkriegsbedingte sowjetische Militärpräsenz gespielt hat. Fest steht, daß die damalige kurdische Führung sich mehrfach des sowjetischen Wohlwollens versicherte. Und ebenso ist erwiesen, daß der iranische Ministerpräsident Khuam al Saltana der Regierung von Mahabad für den Fall einer Kooperation mit Teheran bedingte autonome Rechte in Aussicht gestellt hatte. Und es ist eine historische Tatsache, daß Stalin auch unter dem internationalen Druck seine – für Ghasi Muhammad so wichtigen – Truppenverbände aus dem Iran abziehen mußte, worauf wenige Wochen später die iranische Armee in Kurdistan einmarschierte. General Barsani, der vermutlich die nun kommende Entwicklung am deutlichsten voraussah, warnte Ghasi Muhammad mehrfach vor den falschen Beteuerungen der iranischen Regierung und forderte, die kurdische Republik von Mahabad mit der Waffe zu verteidigen, denn jede Art von Unterwerfung würde den Tod bedeuten. Der Präsident aber glaubte den Versprechungen der Regierung in Teheran trotz aller Warnungen und forderte Barsani und seine Soldaten auf, Mahabad zu verlassen. Ohne den geringsten Widerstand besetzten daraufhin iranische Truppen die junge Republik. Ghasi Muhammad, der nach alter militärischer Tradition die neuen Sieger vor den Toren der Stadt erwartete, wurde sofort unter Hausarrest gestellt. Fast ein Jahr nach seiner Ausrufung der »Demokratischen Republik Mahabad« auf dem Tschwar Tschra, dem zentralen Platz der Stadt, wurde er an derselben Stelle hingerichtet. Das Urteil lautete auf Aufruhr und Hochverrat, eine Möglichkeit der Berufung oder Begnadigung wurde von den Iranern von vornherein abgelehnt. Spät, zu spät erkannte Ghasi Muhammad, daß auch er betrogen worden war.

General Barsani und die irakische Revolution

Vielfach ist vor allem der heroische und opferreiche Weg General Barsanis und der Pesh Merga nach dem Scheitern der Republik von Mahabad geschildert worden, der ihn und Hunderte seiner Getreuen vom Süden Kurdistans in den Norden, das einzig mögliche Exil UdSSR, führte. Zwei Wochen etwa dauerte der an Strapazen und Entbehrungen reiche Weg über 350 Kilometer, von denen fast jeder einzelne von iranischen Angriffen begleitet war, 350 Kilometer durch den härtesten kurdischen Winter, über kaum passierbare Gebirgspfade, tief verschneite Schluchten, durch eiskalte Flüsse. Fast ein Fünftel der Männer erlag den Strapazen oder färbte nach den Armeeangriffen und Flugzeugüberfällen den Schnee rot. Und als die Überlebenden schließlich im sowjetischen Exil anlangten, wußte keiner von ihnen, wie viele Jahre oder Jahrzehnte es dauern würde.

Das Angebot zur Rückkehr kam 1958 fast überraschend. General Abd el-Kerim Kassem, der Führer der jungen irakischen Revolution, bot dem Kurdenführer und seinen Männern nicht nur die Rückkehr an – er reichte ihnen die Hand zur Zusammenarbeit. Damit begann eine wahre gesellschaftliche und kulturelle Blüte der Kurden, vorher nie erahnte Rechte und Möglichkeiten boten sich ihnen an – in dieser Zeit wurde beispielsweise in Bagdad ein »Kurdisches Institut« eröffnet, Zeitschriften und Bücher erschienen in kurdischer Sprache, die auch an den Schulen wieder gelehrt wurde. In kürzester Zeit wuchs die kurdische Bewegung in Barsanis Partei auf über 20 000 Mitglieder an. Und niemand hätte auch nur geahnt, daß die am politischen Firmament so plötzlich über den Kurden aufbrechende Sonne auch nur von einem einzigen Wölkchen hätte verdunkelt werden können. Selbst die Mitgliedstaaten des Bagdad- oder CENTO-Paktes, denen die irakische Revolution in diesem Kontext soeben die kalte Schulter gezeigt hatte und ausgetreten war, waren von der unvermuteten arabisch-kurdischen Freundschaft im Irak überrascht und erschreckt. Die Situation änderte sich aber zusehends, als Barsani und andere Kurdenführer die neuen irakischen Machthaber an die Einlösung der gemachten Versprechungen mahnten, die in der Errichtung einer selbständigen kurdischen Region im Irak auf der Grundlage und den Grenzen kurdischen Siedlungsgebietes gipfelten. Plötzlich stellte sich heraus, daß Kassem keineswegs gewillt war, ein autonomes Kurdistan auf dem Gebiet Iraks zu akzeptieren und damit gleichzeitig die an Bodenschätzen – wie bisher drehte sich wieder alles um das Öl – reichste Region abzutreten. Wie überhaupt die sogenannte Revolutionsregierung, nachdem sie sich stabilisiert hatte, immer mehr die Züge eines diktatorischen Regimes annahm, das sich nicht nur gegen die Kurden richtete, sondern gegen alle demokratischen Kräfte im Land. Damit erlosch nahezu die vormals so großzügig angebotene und nicht weniger oft betonte arabisch-kurdische Freundschaft im Irak. Schritt für Schritt wurden die Kurden aus den erlangten Ämtern im öffentlichen Leben, einschließlich Militär und Verwaltung, gedrängt, die so großzügig eröffneten gesellschaftlichen und kulturellen Rechte immer mehr eingeschränkt. Es war nur noch eine Frage der Zeit, daß die Differenzen zwischen Kassem und Barsani öffentlich ausbrechen und wieder irakisches Militär gegen die Kurden marschieren würde. Der ewige Mohr dieser Region – das kurdische Volk – hatte wieder einmal seine Schuldigkeit getan, hatte die neue irakische Führung nach ihrem Revolutionsputsch gestützt und sollte abermals von der Bühne abtreten, wenn nicht freiwillig, dann mit Gewalt.

General Barsani beantwortete die Situation auf seine Weise – er und seine Pesh Merga gingen in die Berge, zurück zum Partisanenkampf gegen die falschen Verbündeten. Damit begann der bis heute längste und schwerste Kurdenkrieg in der Geschichte. Mit einigen, jedoch kaum nennenswerten Unterbrechungen dauerte er bis 1970 an. 1963 kam die Baath-Partei durch einen blutigen Putsch im Irak an die Macht. Obwohl das neue Regime die Vernichtung aller demokratischen Kräfte, allen voran der Kommunisten, unverhohlen propagierte, bot es Anfang des Jahres 1970 den Kurden einen Friedensvertrag an. Diese Geste der Baath-Partei war jedoch weniger eine demokratische Besinnung als vielmehr nüchternes, politisches Kalkül. Hatten doch nicht zuletzt die Kurden – und allen voran Barsanis Pesh Merga –

schon der Regierung Kassem derart erhebliche innenpolitische Probleme bereitet, daß diese am Ende vor allem auch deswegen gestürzt werden konnte, so erkannten die neuen Machthaber in Bagdad, daß der innerirakische Krieg unmöglich gleichzeitig gegen alle demokratischen Fronten gewonnen werden konnte. So boten sie einem der stärksten Gegner, den Kurden, einen Friedensvertrag an, in dem sie dieser Nationalität autonome Rechte versprachen.

Und wieder ließen die Kurden auf das alte Reizwort »autonomes Kurdistan« hin die Waffen sinken; und wiederum brauchten sie Jahre, den abermaligen politischen Hinterhalt, in den sie gutgläubig hineingegangen waren, zu erkennen. Doch als die politischen Führer dies begriffen und aus der trügerischen Koalition mit Bagdad ausstiegen, war es bereits zu spät: Die auf das modernste ausgerüstete irakische Armee stand vor den Kandil-Bergen, und die Luftwaffe warf Bomben auf die sich zurückziehenden Pesh Merga. Als schließlich der persische Schah seine Waffenhilfe für Barsani einstellt, die er nur als Hebel gegen den Kontrahenten Irak gewährt hatte, und beide Regime 1975 – nachdem Teheran entsprechende Gegenleistungen von Bagdad erhalten hatte – einen antikurdischen Vertrag schlossen, war das Ende des Volkes in den Bergen besiegelt.

Was nach der militärischen Niederlage folgte und bis auf den heutigen Tag anhält, würde in einer Aufzählung Bände füllen, deren Überschrift lauten müßte: Täglicher Völkermord.

Das Blut der anderen ist unser Blut

Der gegenwärtige iranisch-irakische Krieg ist wie jeder andere Krieg in der Welt: Zwei Völker werden mit Propagandaparolen aufgeheizt, in Uniformen gesteckt und in Flugzeugen und Panzern aufeinander gejagt, in Kugelhagel und Giftgas, in Töten und Getötetwerden; an den Fronten sterben die Männer, die nicht selten noch halbe Kinder sind oder schon Greise, und im Hinterland, sofern es nicht in Schutt und Asche fällt, verelenden die Familien. Die Nachrichtenagenturen der Welt wetteifern um die neuesten Abschußquoten und die Zahlen der Getöteten, Militärexperten und Politiker äußern ihre Betroffenheit, indem sie Rechnungen in Mark und Dollar aufstellen, und Fernsehkameras liefern täglich Bilder des Grauens in wohltemperierte Wohnzimmer – der Krieg ist ein pekuniäres Geschäft, wobei die Bestürzung proportional mit der Entfernung zum Betrachter abnimmt. Wenn kein Flugzeug in Mexiko abstürzt, in Spanien kein Zeltplatz durch Unwetter verwüstet wird oder Gorbatschow in Moskau mal einen

Tag Pause macht – der Mittlere Osten ist immer noch gut für eine Meldung.

Doch fragt einer hier mitten in Europa nach den Ursachen dessen, was die Medien so scheinbar objektiv servieren, gar nach der sogenannten abendländischen Vergangenheit, die geschäftstüchtig und wirtschaftsträchtig mitmischte und heute immer noch wohlfeil den Finger am politischen Hebel hält, ebenso wie an der Quittung für den Waffenexport?

Keiner hat im 16. Jahrhundert dem persischen Schah oder dem türkischen Sultan Tschaldyran ausgeredet, diese sogenannte Entscheidungsschlacht – oder haben es die Herrscher nicht hören wollen? Oder Sykes und Picot, die Berater des amerikanischen Präsidenten Wilson (wie die aller folgenden Präsidenten der USA), Stalins Gesandte und die seiner Nachfolger, die Vertreter des Völkerbundes, von denen einige öffentlich behaupteten, kein Blut sehen zu können – haben sie es etwa nicht einmal geahnt, daß das Blut, das ob ihrer Entscheidung floß, das Blut der folgenden Generationen, das der gegenwärtigen war?

Es gibt – historisch gesehen – kein Land auf der Welt, dessen organisch gewachsene Grenzen man auf die Dauer – und braucht dies auch Jahrhunderte – willkürlich »korrigieren« kann, keine Nation, die gegen ihren Willen geteilt ist und das auf Dauer hinnimmt. »Der heutige Tag ist ein Resultat des gestrigen«, hat einmal ein deutscher Dichter formuliert. Die Ereignisse im Mittleren Osten – wenn man überhaupt derart sachlich über Völkermord reden kann – sind die Folgen und Spätfolgen militärstrategischen und wirtschaftspolitischen Kalküls, und unabhängig davon, ob diese einen sogenannten Nutzen für die jeweiligen Sieger gehabt haben oder nicht – für die betroffenen Völker dieser Region haben sie letztlich nur barbarische Fehlleistungen bedeutet – Leid, Tod und Verwüstung, aber auch künstlich gesteigerten Haß, Chauvinismus und Machtgier.

Der Krieg hat mittlerweile sein siebentes Jahr erreicht. Alle sieben Jahre, sagt ein altes kurdisches Sprichwort, ändert sich im Leben der Menschen etwas Entscheidendes. Seit dem 22. September 1980, dem Beginn des Krieges, hat das für etwa eine Million Menschen – Iraner und Iraker – auf die einschneidendste Art und Weise zugetroffen – an einem der vielen Tage ununterbrochenen Tötens haben sie ihr Leben verloren, wurden erschossen, verbrannt, vergiftet, erhängt, sind verblutet. Jeden Tag 40 Menschen, Tag für Tag, Monat für Monat, Jahr für Jahr – eine Million!

Angesichts derartiger Zahlen verbietet sich jegliche Spekulation. Dennoch: Einer willkürlichen Grenzziehung wegen hat dieser Krieg begonnen, zuerst mit Reden, Vorwürfen, Beschimpfungen, dann die ersten Schüsse, die ersten Bomben; er kriecht vom Süden nach Norden, springt unberechenbar über Kilometer hinweg und fällt dann wieder mit Bomben und automatischen Gewehren urplötzlich auf friedliche Dörfer und Städte, nicht nur auf Erdölfelder und Industriebetriebe und Hafenanlagen. Weniger als zweihundert Kilometer ist mein Heimatort Tuz von der Grenze entfernt, wenige Minuten für eine Rakete, kaum mehr für ein Bombenflugzeug, ein paar Stunden für einen Panzer. Ich mag in diesem Zusammenhang nicht daran denken, weder an Tuz im Irak noch beispielsweise an Kermanschah, das im Iran liegt, fast ebenso wenige Kilometer hinter der Grenze auf der anderen Seite.

Aber ich muß! Ich muß an Kurdistan denken, dieses Land, das es nicht gibt, doch dessen Volk zwischen diesen beiden Mächten liegt, deren einzige gemeinsame Sprache jetzt die Sprache der Waffen ist. Und deren Opfer immer zuerst das wiederum hilflose, wehrlose, gutgläubige und abermals betrogene Volk ist.

Hier stehe ich, schrie Kawe der Schmied in höchster Verzweiflung, Saladin erwehrte sich der Kreuzritter, Scheich Mahmud stellte sich den Engländern, und Barsani versuchte die Republik von Mahabad zu retten; und Chéref Khan und Ehmde Khani, Cegerxwin und Yilmaz Güney und alle die namenlosen Hunderte, Tausende, Zehntausende Kurden, von denen jeder mit einer Hoffnung starb. Wann wird sie sich erfüllen?

Der Kreis schließt sich. *»Aus den Tälern Kurdistans ist der Qualm brennender Dörfer und der Geruch von Strömen vergossenen Blutes zum Himmel gestiegen. Wir befinden uns in einem Land, in dem Leben, Freiheit und Eigentum mehr gefährdet sind als anderswo«,* schrieb Karl May schon vor 100 Jahren. Doch die Hoffnung bleibt.

Epilog

Der Kampf des kurdischen Volkes besitzt, trotz ernsthafter Niederlagen und Mängel sowie der ihn umgebenden komplizierten Umstände, ein hervorstechendes Merkmal – die Entschlossenheit, den Kampf um die Erlangung seines gerechten und legitimen nationalen Rechtes auf Selbstbestimmung fortzusetzen. Die nationale kurdische Befreiungsbewegung durchlief äußerst schwierige und komplizierte subjektive und objektive Bedingungen, die es ihr unmöglich machten, ihre Ziele zu erreichen.

Diese Bewegung hatte keine avantgardistischen, revolutionären, politischen Organisationen, die breiteste kurdische Volksmassen organisieren, mobilisieren und führen konnten und die ein direktes und grundlegendes Interesse am nationalen demokratischen Befreiungskampf in den verschiedenen Etappen gegen das osmanische Joch, die Schah-Herrschaft oder später gegen Kolonialismus, Reaktion und Chauvinismus besaßen.

Die traditionellen Führungen aus den Reihen der Feudalherren und Stammesführer beschränkten die Aufstände meist auf deren Regionen, wobei sie sich auf den Stamm beziehungsweise die mit ihm Verbündeten sowie auf andere Feudalherren stützten und grundsätzlich die Hilfe der breiten Massen, die tatsächliches Interesse am Kampf gegen Unterdrückung, Reaktion und Chauvinismus hatten, nicht in Anspruch nahmen. Fast immer begingen sie dabei den Fehler, sich mit Mächten einzulassen, die die kurdische Bewegung als Druckmittel gegen ihre Gegner benutzten, um ihre eigenen Ziele zu erreichen und ihre Interessen zu sichern. Außerdem wurden sie als Mittel benutzt, um ihre Widersprüche und Auseinandersetzungen in der Region zu lösen. Aus diesem Grunde fielen die meisten dieser Aufstände dem Feilschen zwischen den sich bekämpfenden Staaten zum Opfer, die ihren Einfluß, ihre Herrschaft und ihre Interessen in der Region auf Kosten des kurdischen Volkes sichern wollten. Hinzu kommt, daß alle Regierungen, die Kurdistan teilten, der imperialistischen Herrschaft und dem imperialistischen Einfluß unterlagen. Diese bestimmten das Schicksal der Völker in der Region. Nachdem sie am Ende des Ersten Weltkrieges die Märkte und Einflußsphären unter sich aufgeteilt hatten (diese Aufteilung umfaßte die Regionen des Osmanischen Reiches, darunter Kurdistan), begannen sie, die mit ihrer Hilfe an die Macht gekommenen, meist reaktionären Regierungen zu unterstützen. Diese Kräfte, die ihren Einfluß auf die Region ausbreiteten, sind es vor allem, die an der bis heute bestehenden Teilung Kurdistans mitwirkten. Freiwillig werden sie auch keine Änderung der politischen Karte in der Region zugunsten der nationalen Befreiungsbewegung der Völker dieser Region hinnehmen. Ohne Zweifel hat die bestehende Aufteilung Kurdistans zwischen der Türkei, dem Iran und dem Irak der kurdischen nationalen Befreiungsbewegung eine besondere Situation auferlegt, da sich die Verhältnisse in jedem dieser Länder unterscheiden und der Entwicklungsstand der kurdischen nationalen Bewegung in jedem Teil Kurdistans verschieden ist. Die Bewegung hat unter den gegenwärtigen Bedingungen regionalen Charakter, der mit der national-demokratischen Befreiungsbewegung in jedem einzelnen Land, in das Kurdistan aufgeteilt ist, verbunden ist. Sie gleicht deshalb in großem Maß der arabischen nationalen Befreiungsbewegung zur Zeit des Kampfes gegen die Herrschaft des Osmanischen Reiches und die kolonialistische Herrschaft. Die arabischen Völker kämpften damals in jedem der von ihnen besiedelten Länder für die Verwirklichung der nationalen Unabhängigkeit, ohne in eine vereinigte arabische Erhebung einzumünden, da auch der Entwicklungsstand der arabischen Befreiungsbewegung in jedem arabischen Land durch den Einfluß der verschiedenen kolonialen Kräfte, des britischen, französischen, spanischen und italienischen Kolonialismus, verschieden war.

Das kurdische Volk erstrebt in allen Teilen Kurdistans die Verwirklichung seines legitimen Wunsches – der Erlangung des Selbstbestimmungsrechtes. Natürlich ist das Selbstbestimmungsrecht nicht auf die Trennung und die Errichtung eines unabhängigen Nationalstaates beschränkt, sondern es bedeutet auch die Gründung von demokratischen Unionsrepubliken in der Türkei, im Iran und im Irak, Republiken, in denen das kurdische Volk das Recht zur Trennung hat, wo dieses Problem dem kurdischen Volk selbst überlassen ist, wo es über die Lösung oder freiwillige Vereinigung bestimmt, da alle notwendigen Voraussetzungen zur Ausübung des Selbstbestimmungsrechts, die territoriale und nationale Einheit, dem kurdischen Volk in seinen beiden Teilen gegeben sind: die freiwillige Trennung oder Vereinigung.

Kurdischer Krieger (Historische Darstellung aus: Olivier, Reise durch das Türkische Reich, Ägypten und Persien, während der Jahre 1792 bis 1798, drei Bände, Wien 1809)

VI. Literatur und Sprache

Das »Chéref-Name«

Edel soll der Fürst von Bitlis gewesen sein und gütig, weise in seinen Entschlüssen und von wahrhaft nationalem Stolz. Die Künste müssen an seinem Hof eine Blütezeit erlebt haben, Ritterlichkeit und Tugend oberstes Gebot gewesen sein, und der Wahrung und Pflege von Traditionen muß große Aufmerksamkeit gegolten haben. Chéref Khan – so sein Name – war einer der geachtetsten kurdischen Fürsten, sein Wort hatte Gewicht bei der Vielzahl der Stammesführer; die Achtung, die ihm von Freund und Feind entgegengebracht wurde, soll ebenso groß wie aufrecht gewesen sein. Einst, da er noch Oberbefehlshaber des Heeres unter der Herrschaft seines Vaters war, soll ihn dieser wegen einer angeblichen Verschwörung gegen den Thron verstoßen und verjagt haben. Und zweifellos muß er bereits in seiner Jugend beträchtliches Ansehen genossen haben, denn nicht wenige andere kurdische Fürsten bedrängten den Vater, so daß Chéref Khan wieder am Hofe aufgenommen wurde und später, nach dem Tod des Herrschers, das Fürstentum Bitlis regierte.

Als Heerführer und als Regent hat er die Wirrnisse und Schicksalsschläge der Zeitereignisse, die dem Fürstentum Bitlis wie dem gesamten Kurdistan widerfuhren, miterlebt. Und er hat die ständigen und aufreibenden Kämpfe seines Volkes gegen die Osmanen einerseits und die Perser andererseits ohnmächtig ansehen müssen und auch, wie die leidvolle Rolle des kurdischen Volkes noch verstärkt wurde durch seine Zerrissenheit, seine inneren Feindschaften und ununterbrochenen Machtkämpfe. Und wahrscheinlich war er einer der ersten, der erkannte, daß sein Volk auch deshalb immer wieder zum Spielball fremder Machtpolitik werden konnte, weil es sich seiner Identität nicht bewußt war, weil es umherging unter den Völkern Vorderasiens als geschichts- und traditionslos.

Weniges nur ist der Nachwelt vom Leben und Wirken Chéref Khans überliefert. Im Jahre 1600, so berichtet die Chronik, ist der Fürst von Bitlis gestorben. Vier Jahre zuvor jedoch hatte er ein gewaltiges Werk vollendet, das ihm im Bewußtsein seines Volkes über die Jahrhunderte hinweg einen ruhmvollen Platz sichern sollte, wie auch noch kommende kurdische Generationen seinen Namen ehren werden als den Schöpfer des *Chéref-Name*, der »Pracht der kurdischen Nation« – der ersten kurdischen Chronik. Mit diesem Werk unternahm Chéref Khan den nicht hoch genug zu bewertenden Versuch, die Geschichte der Kurden von den Anfängen bis ins 16. Jahrhundert, seiner Gegenwart, aufzuschreiben. Seine Absicht war es, mittels der Chronik den Kurden das Bewußtsein einer eigenständigen Geschichte und Tradition zu geben und so zur Verwirklichung einer einheitlichen kurdischen Nation beizutragen – der Grundvoraussetzung jeglicher Souveränität.

Bei der Arbeit am »Chéref-Name« stützte er sich in Ermangelung kurdischer Niederschriften im wesentlichen auf Überlieferungen der Nachbarvölker, vornehmlich der Perser. Auch ließ er die Weisen des Volkes, die Sänger und Geschichtenerzähler an seinen Hof kommen und hörte ihre mündlichen Überlieferungen, ihre Lieder und Legenden. Aus diesem Material erstellte er einen historischen Abriß, der weit über tausend Seiten umfaßt. Die Darstellung über die Anfänge des kurdischen Volkes entstammen allerdings ausschließlich dem Reich der Legenden, was sich zwar überaus märchenhaft und phantastisch liest, doch für die Historiker von geringem Wert ist. Dagegen erscheint sein Bild von den späteren Jahrhunderten bis einschließlich der Zeit seiner Herrschaft als ebenso ausführlich wie historisch getreu.

Das »Chéref-Name« besteht aus insgesamt vier Teilen: Der erste Teil ist eine Abhandlung über diejenigen kurdischen Dynastien, die mit den Vorrechten des Königtums *(Saltanat)* ausgestattet waren; im zweiten Teil werden jene Dynastien aufgezählt und beschrieben, welche eigenes Geld prägten und in ihrem Namen die *Khutba* verkünden ließen – jene würdigenden Ansprachen mit Namensnennungen, die den heiligen Gebeten vorangingen. Der dritte Teil listet die Häuser der erblichen Statthalter *(Hukkam)* Kurdistans auf; der vierte schließlich beschäftigt sich ausführlich mit der Geschichte des Fürstentums Bitlis und seiner Herrscher.

Es kann hier nur vermutet werden, welchen aktuellen Wert die zeitgenössischen Stammesfürsten dieser kurdischen Genealogie beimaßen. Eine Verbreitung über die Höfe hinaus wird das »Chéref-Name« kaum gefunden haben, den meisten mag es nur eine Art Ahnentafel gewesen sein, die – indem sie die feudalen Herrschaftsverhältnisse Kurdistans, seiner Dynastien und Familien herleitete und beschrieb – ihren Herrschaftsanspruch und ihre Macht legitimierten. Zweifellos war der Fürst von Bitlis mit seiner Absicht, den Kurden eine Geschichte zu geben und mit deren Hilfe zum Erstarken des Nationalbewußtseins beizutragen, seiner Zeit um vieles voraus. Zu sehr waren die einzelnen Dynastien ihrem Stammesdenken verhaftet, zu sehr waren sie in fast ausschließlich lokale Machtinteressen verstrickt. Und zu gering war ihre Bereitschaft, die Belange der Dynastie, des Stammes und der Familie den Erfordernissen des kurdischen Gesamtgefüges unterzuordnen, als daß der Traum einer einigenden kurdischen Nation hätte Wirklichkeit werden können. So blieb das Volk der Kurden, wie Chéref Khan es beschrieben hatte – gespalten in eine Vielzahl oft uneiniger Fürstentümer und Stämme.

Die Osmanen und die Perser des Mittelalters brauchten also die Kurden gar nicht erst zu teilen, um sie zu beherrschen beziehungsweise mit ihnen Politik zu machen, indem sie sie benutzten. Sie brauchten es ebensowenig wie alle nachfolgenden Okkupanten.

Ebendiese leidvolle Uneinigkeit macht die Kurden gerade wieder in der Gegenwart zu Söldnern fremder Interessen – zwischen Iran und Irak tobt ein furchtbarer Krieg, der – ausgehend vom Süden beider Staaten – zusehends auch den Norden erfaßt. Schon wieder melden die Nachrichtenagenturen kämpfende kurdische Verbände, schon wieder zeigen die Bilder verbrannte kurdische Erde. Wie diesen Wahnwitz erklären, daß Kurden sich wiederum in die Kriege Fremder hineinziehen lassen, statt sich auf ihre eigenen und nach wie vor ungelösten nationalen Fragen zu konzentrieren!

Eine aktuelle politische Karikatur zeigt zwei Militärs, die mit schweren, eisenbeschlagenen Stiefeln aufeinander losmarschieren, ihre Uniformmützen weisen sie als Iraker beziehungsweise Iraner aus. Zwischen ihnen liegt die Grenze, über die beide drohend den todbringenden Fuß erhoben haben. Auf der Grenze aber und klein unter ihren Füßen steht ein Kurde, und im nächsten Moment und mit dem nächsten Schritt der beiden wird er zertreten werden. Es ist eine Zeichnung ohne Worte; derer bedarf es auch nicht.

Exilkultur, kurdisch

Wie sich der Bogen von den politischen Ereignissen des Mittelalters bis zur Gegenwart spannt, so unvermindert sind auch gerade jetzt die Bemühungen kurdischer Intellektueller, das Bewußtsein für eine einheitliche und eigenständige kurdische Nation zu formen. Angesichts der Ereignisse im mehrfach geteilten und unterdrückten Land bedarf es kaum einer Erklärung, weshalb dies vor allem in der Emigration geschieht.

Etwa eine halbe Million Kurden leben in der Bundesrepublik und in Frankreich. Dieses Leben außerhalb der Heimat kann aber keinesfalls als ein sicheres, gar sorgenfreies bezeichnet werden. Nicht nur, daß beispielsweise die Vertretungen der Türkei und Irans die Alleinvertretung für diese Menschen beanspruchen, daß ihre Geheimdienste fern von Kurdistan Jagd auf sie machen und sie den vielfältigsten Diskriminierungen einer wachsenden Ausländerfeindlichkeit ausgesetzt sind, charakterisiert ihre Lage. Sie ist besonders auch dadurch gekennzeichnet, daß sie getrennt von ihrer Heimat in einem völlig anderen Kulturkreis leben, der tagtäglich auf sie einwirkt, der ihnen Anpassung aufzwingt und die wachsende Gefahr in sich birgt, ihre nationale und kulturelle Identität immer mehr zu verlieren.

Kurdische Intellektuelle im französischen und auch im deutschen Exil haben diese Gefahr erkannt, und damit auch die Notwendigkeit, Möglichkeiten zu schaffen, die diesem Prozeß entgegenwirken. Zu diesen Möglichkeiten, auf die noch eingegangen werden wird, zählen kurdische Zeitschriften ebenso wie Bücher, Filme, Musikkassetten und Schallplatten, regelmäßige Versammlungen und wechselnde Kongresse – Möglichkeiten also, die eine kurdische Exilkultur heranwachsen ließen, die den Emigranten zumindest helfen, den Kontakt zu ihrem Land, seiner Sprache und Kultur zu halten; gleichzeitig aber auch, um den Kontakt untereinander zu fördern – Brücken der Verständigung herzustellen. Denn für die überwältigende Mehrheit der Kurden steht außer Frage, daß ihr Emigrantenschicksal nur ein vorübergehendes ist und daß es nur die derzeitigen politischen Verhältnisse sind, die sie daran hindern, in das Land ihrer Väter und Vorväter zurückzukehren.

Zu Beginn der 80er Jahre wurde in Frankreich das »Institut Kurde« eröffnet, das erste kurdische Kulturinstitut überhaupt. Selbstredend, daß sogleich die türkische Regierung in Paris intervenierte und die iranischen Ayatollahs sofort von einem »Dolchstoß in den Rücken der iranischen Revolution« sprachen. Diese zwei Beispiele erklären allein die Existenz von Überwachungskameras vor dem gastlich-friedlichen »Institut Kurde«.

Vielfältig sind die kulturellen Aktivitäten des Institutes, und nicht wenige kurdische Emigranten trugen Erhebliches – auch materiell – zur Institutsgründung bei. Auch finden sich international renommierte kurdische Intellektuelle unter den Gründungsmitgliedern, wie beispielsweise der weltweit bekannte Filmregisseur Yilmaz Güney. Eine der neuesten und sicher auch wichtigsten Aktivitäten des Institutes – und vor allem deshalb sei es in diesem Kontext erwähnt – stellt die Arbeit an einem kurdischen Wörterbuch dar. In mittlerweile fünfjähriger Fleißarbeit ist ein kleines Team unter der Leitung des Institutsdirektors Kendal Nezan beim Buchstaben

»D« und damit bei immerhin 60 000 Wörtern angelangt – eine Leistung, die größte Hochachtung verlangt und deren Wert im Interesse der kurdischen Nation und ihres Volkes – ob nun im Heimatland oder im Exil – nicht hoch genug bewertet werden kann, denn das letzte kurdische Wörterbuch erschien vor über 100 Jahren, natürlich ebenfalls nicht in Kurdistan, sondern im russischen Petersburg.

Fast 400 Jahre sind seit dem »Chéref-Name« vergangen, doch das Anliegen Kendal Nezans ist dasselbe wie das des Fürsten von Bitlis – einen Beitrag zu leisten zur Formung und Konsolidierung einer kurdischen Nation.

Mam und Sin

99 Jahre nachdem Chéref Khan sein »Chéref-Name« fertiggestellt hatte, wurde einer der größten Dichter des kurdischen Volkes geboren – Ehmede Khani. Noch spärlicher als über den Fürsten von Bitlis sind die Nachrichten über Ehmede Khani. Er führte den Beinamen eines Mullas, also Gelehrten, lebte in Hakkari und wurde in Bayazid neben der Moschee, die später nach ihm benannt wurde, begraben. Ehmede Khani verfaßte eine Vielzahl kurdischer, arabischer und türkischer Gedichte. Die Kurden verehren den Schriftsteller, Philosophen und Linguisten aber vor allem seines Hauptwerkes »Mam-o-Sin« wegen, denn dieses Epos behandelt einen der beliebtesten Sagenstoffe des Volkes.

Nach kurdischer Tradition ist das Epos mit einer Vielzahl von Versen durchsetzt. Eine der Ursachen hierfür liegt im ursprünglichen Vortragsstil, bei dem teilweise deklamiert, auch teilweise gesungen wurde. Ebenso charakteristisch sind die zahlreichen Wiederholungen und die in einem Großteil der kurdischen Epen vorkommenden Parallelstrophen. Eindeutig auch auf den Vortrag hinweisend ist die Einführung durch einen Erzähler, der die Geschichte beschließt beziehungsweise deren Wahrheit bekräftigt.

»Oh ihr Leute alle, hört einem Mann zu!«, beginnt das Epos, »ich will die Geschichte von Mam und Sin erzählen. Oh Anwesende, vernehmt aufmerksam den Bericht über die schöne Gestalt des Mam Ala (...). Eines Tages machten zwei Engel im Himmel eine Wette; der eine sagte: Sin ist schöner; der andere: Mam Ala. Da schlug der eine vor: Wir wollen Sin wegnehmen und zu Mam Ala hinbringen.«

Die Engel tun es, und damit beginnt eine der schönsten, aber auch traurigsten Liebesgeschichten – die Geschichte zwischen Mam und Sin. Beide sind Fürstenkinder, Sin die Schwester des Fürsten von Bothan, und Mam – als Abkürzung von Muhammed – der Sohn eines Fürsten, dessen Herkunft nicht eindeutig aus dem Text hervorgeht; der Beiname Ala könnte auf eine Stammesabteilung der Hakkari-Kurden hindeuten, auch soll es einen kurdischen Distrikt Alan gegeben haben.

Die Engel also haben Sin zu Mam gebracht. Beide erwachen aus ihrem Schlaf auf Mams Lager, und obwohl sie großes Wohlgefallen aneinander finden, erschrecken sie doch, denn nur eine höhere Macht kann sie zusammengeführt haben. Noch in der Nacht und im Schlaf tragen die Engel Sin zurück, doch zuvor haben die Verliebten ihren Schmuck getauscht zum späteren Beweis, daß ihnen dieses Zusammensein nicht nur ein Traum gewesen ist.

Am nächsten Morgen nun tritt Mam vor den Vater und Fürsten mit dem Wunsch, sein Pferd zu satteln und die geliebte Sin zu suchen. Alle Versuche des Vaters, den Sohn zurückzuhalten oder ihm zumindest ein sicheres Geleit zu geben, schlagen fehl; so reitet der Fürstensohn in die Welt. Schließlich findet er Sin, doch können sie nicht zueinander kommen, zu unüberwindlich sind Ehrenkodex und Moralnormen der Zeit. Und obwohl Freunde Mam beistehen, gerät er durch Verrat und Betrug in den Kerker. Sin, die den Geliebten befreit, kann nur noch einen Sterbenden in den Armen halten. Doch: Können die Liebenden nicht auf der Erde vereint sein, so vereint sie endlich der Tod – Sin stirbt und wird neben Mam begraben.

Dies sei alles so gewesen, wie er es berichtet, verkündet am Ende der Erzähler, denn er selbst komme gerade vom Ort des Geschehens.

Unzählig oft ist dieser Stoff erzählt worden, und die aufgeschriebene Version Ehmede Khanis erfuhr im Laufe der Zeit mancherlei Veränderungen; geblieben ist aber bis auf den heutigen Tag eine der schönsten Liebesgeschichten der Kurden.

Auch heute noch zeigen die Einwohner der Umgebung Ruinen und Trümmer jener legendären Burg Dschesire, der Hauptstadt des ehemaligen Fürstentums Bothan, am östlichen Ufer des Tigris gelegen, unweit des heutigen Djasira.

Und so wie die Kurden Stolz ergreift vor diesem geschichtsträchtigen Ort, wo auch Wissenschaft und Poesie in hoher Blüte gestanden haben sollen, so zeigen sie dem Fremden auch Trauer und Haß angesichts der noch zu ahnenden Verwüstungen.

Badir-Khan Pascha, der letzte Fürst von Bothan, hatte 1842 sein Land für selbständig erklärt. Unter seiner Herrschaft entwickelte sich die Mundart Djasiri zu einer Literatursprache dieser Region, in der eine Vielzahl von Gedichten auch aus der Zeit Ehmede Khanis überliefert sind. Doch die Türken gönnten dem Fürstentum keine Ruhe. Von Jahr zu Jahr steigerten sich die Auseinandersetzungen, bis schließlich Badir-Khan Pascha 1848

Die Burg Mussa Beis in Neri (heute Türkisch-Kurdistan) (Darstellung, Mitte des 19. Jahrhunderts)

verhaftet und von den osmanischen Herrschern nach Istanbul verbannt wurde. Das ehemals blühende Fürstentum verfiel. Der Schauplatz der Liebe von Mam und Sin verödete, und hartes Gras wuchs zwischen Trümmern der einstigen Burg.

Sprache als Paradoxon

»Chéref-Name« und »Mam-o-Sin« sind zwei hervorragende Beispiele kurdischer Geschichtsschreibung beziehungsweise Literatur. Immer wieder haben Männer nach Chéref Khan versucht, kurdische Geschichte aufzuarbeiten und niederzuschreiben, und bis auf den heutigen Tag hat das Volk seine Dichter. Ihre Sprache, unabhängig von Dialekt und Mundart, ist kurdisch, ihre Schrift ist es jedoch nicht. Hier liegt ein fast einzigartiges Paradoxon.

Es gibt kaum ein Volk der Erde – vor allem in vergleichbarer Größenordnung! –, das sich derart wenig mit der eigenen Sprache beschäftigt hat (oder dies konnte beziehungsweise durfte!) wie die Kurden. Während die Geschichtenerzähler und Sänger ihre Texte in der jeweiligen volkstümlichen Mundart des Dialekts vortrugen, denn ihre Sagen, Legenden oder Lieder kamen fast ausschließlich aus dem Volk, verfaßten die kurdischen Schriftsteller und Gelehrten ihre Werke zumeist in anderen Sprachen. Nicht selten war es die Sprache der Eroberer und Besatzer, also Arabisch, Türkisch oder Persisch. Dies war auch dadurch bedingt, daß sie sich oftmals an den Höfen aufhielten, dort eine Art Angestellte waren, hatte also rein ökonomische Ursachen. Eine weitere Rolle spielte zweifellos die Verbreitung ihrer Werke, die selten direkt das einfache Volk erreichten. Und selbstverständlich wurden die Dokumente und der Schriftverkehr in den Kanzleien – selbst wenn es kurdische Vorgänge betraf – in der Sprache der Herrscher geführt. Somit hatte die Sprache der Kurden im offiziellen Gebrauch fast keine Bedeutung, eine allgemeine und einheitliche kurdische Schriftsprache konnte sich nicht entwickeln, da sie kaum fixiert wurde. Hinzu kommt noch, daß die wenigen Dokumente, die es in Kurdisch gab, von den Fremdherrschern vernichtet wurden, um auch damit den Gebrauch dieser Sprache zu verhindern. Überlebt hat in der Vergangenheit so vielfach nur, was im Volk und vom Volk mündlich überliefert wurde.

Eine nationale Schwierigkeit bei der Entstehung einer kurdischen Schriftsprache lag zweifellos auch in der traditionellen Spaltung in zahlreiche Fürstentümer, die nicht nur auf verschiedene fremde Staatsgebilde verteilt waren und dort den entsprechenden Sprachen der Herrschenden unterlagen, sondern auch untereinander jeweils eigene Sprachen, vergleichbar sehr unterschiedlichen Dialekten, herausbildeten. Die relativ selbständigsten und entwickeltsten unter ihnen beförderten entscheidend Entstehung und Entwicklung der kurdischen Literatursprache; es waren die Fürstentümer Bothan, Baban und Ardalan.

Das Fürstentum Bothan wurde Anfang des 14. Jahrhunderts gegründet und bildete, wie bereits erwähnt, als Literatursprache das Djasiri heraus, in dem neben Ehmede Khani um 1600 vor allem die Lyriker Mala-i Djasiri, Ali Hariri und Fake Tayram ihre Werke verfaßten. Mit der Verhaftung des letzten Fürsten Badir-Khan Pascha und dessen Deportation durch die Türken wurde im 19. Jahrhundert mit dem Untergang des Fürstentums dieser blühenden Literatursprache die Grundlage entzogen.

Ende des 15. Jahrhunderts wurde am unteren Zab das Fürstentum Baban gegründet. Hauptstadt des aufblühenden Staatsgebildes war die neu gegründete Stadt Sulaimania, die entstehende Literatur wurde in einer Sprache geschrieben, die als *Slemani* bezeichnet wird. Deren namhafteste Autoren – die Lyriker Nali, Salim und Kurdi – lebten zu Beginn des 19. Jahrhunderts. Fast zur gleichen Zeit wie Bothan ging das Fürstentum Baban unter; Ursache hierfür war vor allem die unentschiedene Politik der Dynastie des Fake Ahmad, der das Land zur leichten Beute der Türken werden ließ. Unter deren Herrschaft erstarb in den folgenden Jahren jede eigenständige kurdische Literatur.

Eine der ältesten kurdischen Literatursprachen, das *Hawrami,* entwickelte sich bereits im 14. Jahrhundert im Fürstentum Ardalan, wo der Gelehrte und Schriftsteller Mala Paresan lebte. Sanandadj im persischen Teil Kurdistans war die Hauptstadt, deren Fürsten den Titel eines Wali – Generalgouverneurs – trugen. Doch auch dieses Fürstentum überlebte die anderen beiden nur um wenige Jahre. 1867 setzte der Schah den letzten Wali ab und besiegelte mit der totalen persischen Einvernahme des Landes den Untergang Ardalans.

Diese Entwicklung, die Einnahme und Auflösung der kurdischen Fürstentümer um die Mitte des 19. Jahrhunderts durch die Osmanen beziehungsweise Perser, teilte nicht nur das kurdische Volk abermals willkürlich – es warf auch die Entwicklung und Herausbildung von Literatur und Sprache um Generationen zurück.

Sprache als Hoffnung

Brachte einst Karl May in seinem Roman »Durchs wilde Kurdistan« der breiten Masse deutscher Leser erste Vorstellungen des fernen Landes und seiner Bewohner nah, so gebührt wiederum einer Reihe von Deutschen das Verdienst, bedeutende Werke der kurdischen Literatur in ihrer ursprünglichen Sprache erstmals wissenschaftlich gesammelt zu haben. Oskar Mann, Albert von Le Coq und Martin Hartmann – um nur einige zu nennen – haben der Literatur der Kurden somit einen überaus wertvollen Dienst erwiesen. Dabei ist weniger die Tatsache hervorzuheben, daß sie die gesammelten Werke auch zum Teil bearbeiteten und in deutscher Sprache einem interessierten Publikum zugänglich machten, sondern vielmehr der Aspekt, daß mit ihrer Arbeit dem kurdischen Volk kulturelle Werte erhalten wurden, die infolge ununterbrochener Unterdrückung und Verfolgung in Kurdistan selbst entweder vernichtet wurden oder anderweitig verlustig gingen. Diese in der Regel zweisprachigen literarischen Sammlungen, die nicht selten linguistischen Studien dienten, stehen damit heute – via Ausland – dem kurdischen Volk zur Verfügung.

Die Sprachwissenschaft ist sich mittlerweile darüber einig, daß die kurdische Sprache eine nordwestiranische Sprache ist. Dabei ist »Iranisch« nicht gleich »Persisch«, denn nicht jede iranische Sprache ist mit dem Persischen gleichzusetzen – genau wie nicht jede germanische Sprache mit dem Deutschen identisch ist.

Die kurdische Sprache wird als Kurmandschi oder Kirmandschi bezeichnet und teilt sich in zwei große Hauptdialekte, in Nord- und Südkirmandschi. Daneben existieren noch einige lokal begrenzte Dialekte und eine Vielzahl von Mundarten, die manchmal nicht über ein bestimmtes Stammesgebiet hinausreichen. Das Fortbestehen dieser archaischen Sprachvarianten wurde unter anderem durch die geographischen Bedingungen und die relativ abgegrenzten Siedlungsbereiche der Sprachträger gefördert.

Sprache und deren Entwicklung kann nie losgelöst von der Entwicklung der Sprachträger, also des jeweiligen Volkes, betrachtet werden. Die Geschichte eines Volkes, seine gesellschaftliche, wirtschaftliche oder kulturelle Entfaltung – oder auch Stagnation – beeinflußt immer in direkter Weise auch den Entwicklungsprozeß der Sprache. So wie beispielsweise ein gesellschaftlicher Aufschwung die Sprache gleichzeitig fördert, bis hin zu neuen Wortverbindungen oder Neuschöpfungen (neue Erscheinungen fordern neue Benennungen), so gerät mit einem entsprechenden Niedergang ebenfalls die Sprache in einen partiellen Auflösungsprozeß; der Nichtgebrauch einer Sprache ist gleichzusetzen mit ihrem Todesurteil. Eines der krassesten Beispiele in der Geschichte ist hierfür die Entwicklung des Lateinischen –, mit dem Aufblühen des Römischen Reiches entfaltete sich gleichzeitig eine Sprache, die heute noch gerühmt ist ob ihrer Kultur. Mit dem Untergang des Reiches und seiner Sprachträger jedoch stagnierte auch die Entwicklung der Sprache. Was uns heute überliefert ist, sind Denkmäler einer ehemals hochentwickelten Belletristik und Sachliteratur in einer Sprache, die durch Nichtgebrauch zu einer toten Sprache wurde und deren heutige Relevanz eine ausschließlich wissenschaftliche oder historische ist.

Angesichts dieser Überlegungen entlarven sich die Absichten der türkischen und anderen Unterdrücker, die seit Jahrhunderten und bis auf den heutigen Tag den Kampf gegen das kurdische Volk auch als einen Kampf gegen seine Sprache führen.

Dabei war der Druck gegen die beiden kurdischen Hauptdialekte in der Vergangenheit unterschiedlich. Das Nordkirmandschi, im Irak nach dem gleichnamigen Stamm auch Bahdinani genannt, hatte seine Verbreitung vor allem in der Türkei und in Syrien. Große Dichter, wie beispielsweise der bereits erwähnte Ehmede Khani, schrieben ihre Werke in diesem Dialekt. Indem die Unterdrückung der fremden Machthaber sich aber immer mehr auch gegen die Sprache der Kurden richtete, was schließlich zum totalen Verbot vor allem in der Türkei führte, konnte sich Nordkirmandschi als Schriftsprache nicht weiterentwickeln und überlebte nur im Sprachgebrauch des Alltags. Dagegen bildete sich das Südkirmandschi, bedingt durch die relativ günstigeren Lebensbedingungen der Sprachträger, immer mehr zur Schriftsprache der Kurden heraus. Dieser Dialekt, nach den Soran-Kurden auch als Sorani bekannt, erfuhr seine Verbreitung vor allem in Iran und Irak.

Die gegenwärtige Entwicklung der kurdischen Sprache läßt somit – immer im Kontext zu den Entfaltungsmöglichkeiten der Sprachträger – die Tendenz erkennen, daß das Nordkirmandschi sich im Vokabular dem Südkirmandschi angleicht. Indem immer mehr Kurden aus dem Norden den Dialekt des Südens erlernen, diesen aber auch gleichzeitig mit Vokabular aus ihrem ursprünglichen Dialekt bereichern, könnte dereinst Südkirmandschi die einheitliche Sprache eines einheitlichen Kurdistan sein – dies ist zumindet ein linguistischer Hoffnungsschimmer am Himmel der politisch zerstückelten Nation.

Abenteuer in Sacho

Im September 1887, beziehungsweise im Juni 1890, erteilte der Sekretär der Kaiserlichen Akademie der Wissenschaften zu St. Petersburg in Rußland die Druckgenehmigung für zwei Manuskripte, die jeweils noch im gleichen Jahr unter dem Titel »Kurdische Sammlungen« erschienen und zum Preis von insgesamt 2 Rubel und 85 Kopeken zu haben waren. Die deutsche Ausgabe kostete ganze 7 Mark und 30 Pfennig und zählt mittlerweile zu den entsprechend gehandelten antiquarischen Raritäten.

Der Verfasser der »Kurdischen Sammlungen« war der 1848 in Basel geborene Albert Socin; sein Ko-Autor der in Wissenschaftskreisen ebenfalls namhafte Eugen Prym. Diese beiden Namen dürfen in keiner Aufzählung von Personen fehlen, die sich – indem sie die kurdischen Dialekte erforschten und sammelten – auch um die Erhaltung der frühen Poesie des Volkes verdient gemacht haben. Vor allem Albert Socin widmete sein ganzes Leben dem Orient, nicht wenige Jahre davon Kurdistan, wo er auch einige Zeit lebte und arbeitete. Sein Name ist verbunden mit der Gründung mehrerer wissenschaftlicher Gesellschaften und einer Vielzahl von Publikationen, deren Spektrum vom Reisebericht über archäologische Studien bis hin zu linguistischen Untersuchungen reicht.

Im Juni 1870 war Socin in die Umgegend von Mosul gekommen, um die Dialekte der Region zu studieren und anhand von Erzählungen und Liedern zu sammeln, vor allem in den Dialekten des Tur Abdin und denen des etwa ein Dutzend Jahre vorher aufgelösten Fürstentums Bothan.

Socin ging dabei in einfacher Weise vor, die sich gleichzeitig als die produktivste erwies: Die Tatsache, daß die Mehrzahl der Einheimischen auch arabisch sprach, bot geradezu eine Interlinearübersetzung – die jederzeit überprüft werden konnte – an. Dennoch war sein kurdischer Aufenthalt alles andere als ein abwechslungsreicher Spaziergang, und seine wissenschaftliche Arbeit forderte nicht selten ein ebenso großes Maß an Phantasie und Geduld. Zum Beleg sei hier aus dem überaus lesenswerten Vorwort zitiert, das heute – was vermutlich kaum die Absicht des Autors war – eine wichtige kulturgeschichtliche Quelle darstellt.

»Die Gesellschaft, welche im Chane (in der Herberge; Anm. d. Verf.) einquartiert war, nahm lebhaften Anteil an meinen Studien. Freilich gelang es erst nach einiger Zeit, kurdische Sänger herbei zu schaffen. Aber wenn es schon außerordentlich schwer hielt, die Leute, welche mir zugeführt wurden, dazu zu bringen, mir das, was sie wußten, ordentlich zu dictieren, so sah ich bald ein, daß es sozusagen unmöglich sei, ihnen irgendeine Erklärung der von mir niedergeschriebenen Texte zu entlocken; denn einesteils verstanden diese

Leute zu wenig Arabisch – Sacho liegt hart an der Grenze des Gebietes, in welchem Arabisch noch verstanden wird – andernteils waren sie einfach geistig unfähig, den Anforderungen, welche ich an sie stellte, zu entsprechen. Ja, es kam so weit, daß ich im ganzen Städtchen in einen schlimmen Ruf kam: es hieß, ich verlange Unmögliches, und die Sänger weigerten sich sogar, mir Gedichte zu dictieren, weil sie fürchteten, ich werde ihnen auch die Erklärung derselben abverlangen. Trotz dieser Schwierigkeiten gelang es mir, eine Anzahl Textstücke zu sammeln und erklären zu lassen; die letztere Arbeit übernahm freilich in der Regel ein des Arabischen mächtiger Kurde (. . .).«

Doch nicht nur die linguistischen Studien wurden dem akribisch arbeitenden Socin durch die mißtrauischen Kurden stellenweise so erschwert, daß er nur mit Geschenken, Versprechungen und manch anderer List zu seiner – kurioserweise heute für die Kurden so überaus wichtigen – Sammlung kam. Gewissermaßen hautnah erlebte er mit ihrem Alltag auch die politischen Wirrnisse der unter türkischer Oberhoheit stehenden Region, die ihm schließlich die weitere Arbeit unmöglich machte:

»In der Nähe von Sacho war ein kleiner Krieg ausgebrochen: der Pascha von Mosul, namens Muhammad Asaf, hatte den Sindi-Kurden die Abgaben einige Jahre hindurch gestundet; nun fiel es ihm plötzlich ein, die Steuern mehrerer Jahre auf einmal eintreiben zu wollen. Daraufhin erhoben sich die Kurden; an ihre Spitze trat ein gefürchteter Mann, namens Mulla Cadiq. Dieser predigte den Kurden, die Regierung habe kein Recht, Steuern einzutreiben und die Conscription durchzuführen; auch schickte er eine Bitt- und Klageschrift direct an den Sultan. Nachdem zuerst einige Abteilungen türkischer Soldaten von den Kurden geschlagen worden waren, gelang es dem türkischen Obrist, Mulla Cadiq (der Titel beweist, daß Cadiq nicht nur gefürchtet, sondern auch geachtet wurde; Anm. d. Verf.) in seine Gewalt zu bekommen; ich sah ihn, wie er gefesselt eingebracht wurde; mühsam schleppte sich der Arme einher. In der folgenden Nacht waren viele Soldaten in Sacho einquartiert; bei dieser Gelegenheit wurde mir, wahrscheinlich von einem Offizier, eine Weste gestohlen, in welcher sich mein gutes Federmesser – in jenen Gegenden ein kostbarer Schatz – befand. Noch einen anderen verdrießlichen Handel hatte ich: mein chaldaeischer Diener (arab. sāni) hatte mit Kurden um Geld gespielt und war von einem der Mitspieler mit dem Dolch niedergestoßen worden. Auf dieses hin war mir der Aufenthalt verleidet, und ich drängte zur Abreise, so gern ich noch länger geblieben wäre (. . .).«

Socin reiste daraufhin weiter nach Dschesire (dem heutigen Djasira), doch so abenteuerlich wie sein Ritt nach Sacho und der dortige Aufenthalt waren, so abenteuerlich gestaltete sich seine gesamte Reise. Der Freude über neugefundene Texte stehen häufig Begegnungen mit finsteren Berittenen gegenüber; immer wieder jedoch tauchen auch Socins Freude und Erstaunen angesichts der unberührten kurdischen Natur auf, deren schroffe Felsen und steile Bergpfade er ebensooft schildert wie die Klarheit der Bäche, die zum Trinken und Baden einluden.

Weit über 50 Texte waren das Ergebnis seiner mühsamen Arbeit, Lieder, Erzählungen, Epen. Texte, die in den seltensten Fällen noch schriftlich vorlagen und deren Echtheit er wieder und wieder überprüfte, denn manche kurdischen Sänger verließen in ihrem Vortrag nicht selten die konkrete historische Vorlage und schmückten mit ihrer Phantasie die alten Überlieferungen manchmal bis zur Entstellung aus.

Zu den wichtigsten, herausragendsten Beispielen kurdischer Poesie, die erstmals in den »Kurdischen Sammlungen« erfaßt wurden, gehört neben dem bereits besprochenen »Mam-o-Sin« Ehmede Khanis vor allem das Epos »Dimdim«, ein ungeheuer farbenprächtiges Loblied auf die sprichwörtlichen kurdischen Traditionen – Heimatliebe und Verteidigungsbereitschaft bis in den Tod hinein.

Der Großteil der Texte stellt noch literarisches Rohmaterial dar; Socin war Orientalist und nicht Nachdichter. Eine ganze Reihe der literarischen Kulturschätze sind heute – und nun auch wieder verstärkt unter kurdischen Autoren – bearbeitet worden, einige davon sind in Europa erschienen, in Kurdisch, aber auch in der jeweiligen Landessprache. Eine umfassende Nachdichtung der von Albert Socin und Eugen Prym gesammelten, übersetzten und herausgegebenen Erzählungen und Lieder liegt jedoch nicht vor. Mittlerweile sind seit der Petersburger Ausgabe einhundert Jahre vergangen; doch nicht nur deshalb wäre es an der Zeit, diese Literatur zeitgemäß zu überarbeiten – auch wenn dies selbst wiederum nicht in Kurdistan geschehen könnte.

Literatur im Tageskampf

Die kurdische – sogenannte – volkstümliche Literatur unterscheidet sich in ihren Formen und Stoffen kaum von den entsprechenden Literaturen anderer Völker. Vor allem besteht sie aus Märchen und Fabeln, aus Legenden, Liedern und Sprichwörtern. In den Märchen kämpft das Gute gegen das Böse, der Arme gegen den Reichen, die Ehrlichkeit gegen die Falschheit und der Fleiß gegen die Faulheit; und wie überall siegt fast ausnahmslos das Gute, das Ehrliche – eben das Rechte. Kaum anders ist es mit den Fabeln und Legenden: Dominieren in der ersten Form wie im Deutschen, Französischen, Russischen die Tiere, und stehen sie mit ihren Charaktereigenschaften gleichfalls stellvertretend für menschliche Verhaltensweisen, so greifen die Legenden ebenso fast ausschließlich historische Persönlichkeiten oder Vorgänge auf, die – wie in allen Legenden der Welt – phantastisch überhöht dargestellt werden. Einzig im Vortrag bilden nicht wenige kurdische Legenden eine Besonderheit – der Erzähler ist gleichzeitig Sänger und interpretiert seinen Text in diesem Sinne variabel; Sprache wechselt mit Gesang. Diese Vortragsweise ist – ungeachtet des besonderen Reizes für den Zuhörer – sicher auch einer der Gründe, weshalb die Legenden über die nationale Bedeutung der Inhalte hinaus eine derartige Verwurzelung im Volk haben, weil sie eine immense Volkstümlichkeit darstellen.

Wie alle Kunstliteraturen hat natürlich auch die kurdische aus diesem großen und organisch gewachsenen Volksschatz geschöpft – Ehmede Khanis »Mam-o-Sin« hat seine Wurzeln ebenso in den volkstümlichen Überlieferungen wie Goethes »Heideröslein«. Typisch jedoch für die kurdische Kunstliteratur ist, daß sie bis weit in die zweite Hälfte des 19. Jahrhunderts sich fast ausschließlich auf dem Feld der sogenannten schönen Poesie bewegte. Das Spektrum reichte von Helden- und romantischen Epen über Liebes- und religiöse Gedichte bis hin zum schier unerschöpflichen Gegenstand Natur. Was darüber hinausging, sollte zum eigentlich Bleibenden werden, wie beispielsweise die alles überdauernden Epen »Dimdim« und »Mam-o-Sin«, da sie die Frage der kurdischen Nation in die Literatur einbezogen.

Die Entwicklung um die Mitte des vorigen Jahrhunderts, die die Eliminierung einer Reihe einstmals stolzer Fürstentümer durch die Osmanen und Perser mit sich brachte, schadete zwar der Entwicklung und Herausbildung einer einheitlichen kurdischen Literatursprache, andererseits aber brachte die damit einhergehende Hinwendung der Autoren auf die aktuellen Zeitereignisse einen plötzlichen und in einer bis dahin nie dagewesenen Breite eindeutig politischen Aspekt in die Literatur, der in seiner Konkretheit so niemals vorher ablesbar war.

So schlug sich der Patriotismus der Zeit nun in den Epen und Gedichten nieder.

»Bewegt euch wie die Bienen, beratet euch leise,
Schafft Kriegsmaterial an, Kanonen, Gewehre und Mörser.
Fürbitte und Zuversicht nutzen in dem heutigen Zeitalter nicht,
Der Pfeil ist das gesegnete Kettenhemd, der Speer ist der Schutz
Auf dem Schlachtfeld.«

So schrieb etwa Hadji Kadiri Koyi, mit dem in der zweiten Hälfte des 19. Jahrhunderts die engagierte Literatur einen Höhepunkt erreichte. In ihren besten Werken wendete diese sich nicht nur gegen die Fremdherrschaft, sondern auch gegen jede Art der Unterdrückung innerhalb der Nation, also auch gegen Feudalherren und religiöse Oberhäupter. Plötzlich wurden Probleme der Zivilisation erörtert, Wissen und technischer Fortschritt gefordert – die Kunst brachte die Welt in die kurdischen Berge und focht gegen jede Art von Rückständigkeit.

»Komm du, lerne Wissenschaft; was geht es dich an,
Wenn der Lehrer ein Christ, ein Inder oder ein Jude ist.
Die Männer und Frauen sind hier betroffen;
Wenn der Mulla es verneint, so hat er selbst keine Religion.«
(Hadji Kadiri Koyi)

Diese neuen Inhalte sollten natürlich auch zu neuen Formen führen. Nach der Jahrhundertwende, auch unter dem Einfluß des Ersten Weltkrieges, entstehen verstärkt Prosastücke und Novellen; literarische Entwicklungsetappen, wie beispielsweise der kritische Realismus, sind – gegenüber Europa zwar verspätet, aber dennoch deutlich – erkennbar.

Mit dem Aufschwung der nationalen Befreiungsbewegung in Kurdistan dominieren eindeutig die realistischen Tendenzen und werden zweifellos auch beeinflußt von der internationalen Befreiungsbewegung im Umfeld des Zweiten Weltkrieges und der Zeit danach, wobei die kurze Existenz der Republik von Mahabad (1946) ein entscheidender Impuls ist.

Hauptthema der kurdischen Schriftsteller wird immer mehr das eigene nationale Spannungsfeld – Kurdistan und die Kurden.

Der Alltag der Bevölkerung und ihre Lage, die Ausbeutung der Bauern durch Feudalherren, die Machtmittel der Religion. Die kurdische Literatur hat ihr Feld abgesteckt von Solidarität bis Internationalismus, von der Suche nach der eigenen Identität bis hin zur nationalen Selbstbesinnung.

Ein Volk befand sich jahrhundertelang in einem Dämmerzustand, bevor es aufstand und seine eigene Kraft zu erkennen begann. Gleiches vollzieht sich in der Literatur. Noch sucht man in den großen Abhandlungen der Literaturgeschichten vergeblich nach einer Geschichte der kurdischen Literatur; die großen Dichter dieser Nation finden sich vereinnahmt unter türkischen, persischen oder arabischen Katalogen. Doch die kurdischen Autoren melden sich immer mehr mit ihrer eigenen nationalen Identität zu Wort, und der Tag ist nicht mehr fern, wo sie mit ihren Werken die Tür zur Welt aufstoßen – ohne die Attribute »Türkisch-Kurdisch«, »Iranisch-Kurdisch« oder »Irakisch-Kurdisch«, eben einfach als Kurden.

Das literarische Spektrum

Wir sind gewohnt, die Welt in Zahlen zu fassen, berechenbar, konkret, auf den Meter genau, auf den Millimeter, auf Mark und Pfennig. Doch Zahlen belegen nicht immer alles. 1975 erschien in Bagdad, zusammengestellt von Mustafa Nariman, eine kurdische Bibliographie, die für das Jahr 1918 ganze 18 gedruckte kurdische Bücher aufweist. Als Zahl ist das fast nichts, verdeutlicht man sich jedoch die Umstände oder stellt beispielsweise die Frage dagegen: Wie viele Bücher erschienen in Deutschland während der Zeit des Faschismus von Autoren, die Opfer der unrühmlichen »Bücherverbrennung« geworden waren, also von Heine, den Manns, Brecht, Becher?, so sind diese 18 Titel zumindest ein hoch zu achtender Anfang. 1939 waren es bereits 198 Bücher, und im Jahr 1975 erschienen 1254 kurdische Titel.

Dennoch belegen die Zahlen wenig, denn das, was als kurdische Literatur bezeichnet werden kann, ist wesentlich umfangreicher, kennt vielfältigere Publikationsformen und Verbreitungsmöglichkeiten. Diese wiederum haben sich den gesellschaftlichen Möglichkeiten, Geboten und Verboten angepaßt, haben sie unterwandert oder anderweitig umgangen. Ein Flugblatt, eine hektographierte Zeitung ist im Untergrund unvergleichbar leichter herzustellen als ein Buch; ganz abgesehen von finanziellen oder materiellen Belangen.

Die Tradition kurdischer Periodika – vor allem politischen oder kulturellen, und hier vor allem literarischen Charakters – ist nur wenige Jahrzehnte alt. Dies ist ein Punkt. Ein zweiter, sehr bezeichnender: Nicht selten sind die Zeitschriften sehr kurzlebig, erscheinen nur in wenigen Jahrgängen. Daran sind in der Regel die drastischen Verbote schuld, weniger – wie beispielsweise in Deutschland – die etwaige mangelnde Nachfrage. Andererseits ist das Spektrum erstaunlich breit, und es entstehen immer wieder – auch ungeachtet von Verboten – neue Zeitschriften. Ein Grund für diese Breite mag in der politischen Zersplitterung der Nation liegen –, nicht nur in den jeweils okkupierten Landesteilen erscheinen spezifische Periodika, oft auch in der jeweiligen Landessprache, sondern jede Partei, jede politische Gruppierung ist bemüht, sich ihr eigenes Presseorgan zu schaffen. Daß diese Situation natürlich die Schriftsteller nicht ausnimmt, muß nicht betont werden, denn als kurdischer Schriftsteller kann man sich heute dem politischen Aspekt kaum entziehen. 1939 erschien in Bagdad die erste Ausgabe der Zeitschrift *Galawēz,* die in der kurdischen Pressegeschichte eine führende Rolle einnahm. Sie widmete sich vor allem der Verbreitung der Werke kurdischer Schriftsteller, veröffentlichte aber auch regelmäßig Übersetzungen von Weltliteratur. Darüber hinaus sah sie eines ihrer wichtigsten

Ziele in der Förderung einer kurdischen Schriftsprache und prägte somit in vielfältiger Weise eine ganze Generation von fortschrittlichen Autoren. Ein allzulanges Leben war ihr jedoch nicht beschieden: 1949 verboten die Machthaber »Galawēz« und sperrten ihren Herausgeber Ibrahim Ahmad hinter Gitter. Ibrahim Ahmad zählt übrigens zu den populärsten Autoren; am bekanntesten ist sein bereits 1956 geschriebener, jedoch erst 1972 erschienener Roman *Zan-i gal* (»Die Wehen des Volkes«), der den Freiheitskampf unter der Monarchie im Irak behandelt. Ein ähnliches Schicksal wie »Galawēz« war der Publikation *Hawar* (»Der Aufruf«) beschieden, die sich ebenfalls vorrangig mit der Verbreitung neuerer kurdischer Literatur und dem kulturellen Erbe beschäftigte; sie wurde in Damaskus herausgegeben und brachte es trotz Unterbrechungen von 1932 bis 1943 auf immerhin 57 Nummern. Sogar in der Türkei erschienen, wenn auch in unregelmäßigen Abständen, Bücher und Zeitschriften in kurdischer Sprache mit türkischer Übersetzung. Dies betraf vor allem den Zeitraum von 1960 bis zum totalen Verbot jeglicher diesbezüglicher Aktivitäten Anfang 1979. Im Hinblick auf die Literatur war eine der bekanntesten die kurdisch-türkische Publikation *Roja Welat* (»Sonne der Heimat«), die von September 1977 bis zum Dezember 1978 mit insgesamt 12 Nummern gedruckt werden konnte.

Im Irak wirkte sich die Revolution von 1958 zunächst recht fördernd auf die kurdische Sprache und Literatur aus. Indem die Verfassung der Republik den Kurden – wie auch den Arabern – in Artikel 3 vielfältige Rechte einräumt, erfolgte bald auch ein Unterricht in kurdischer Sprache, und an der Universität in Bagdad wurde eine kurdische Abteilung eingerichtet. Die bald darauf an die Macht gelangte Militärdiktatur konnte diese Errungenschaften nicht völlig verbieten, zumal kurdische Schriftsteller und Intellektuelle sich zunehmend in eigenen Berufsverbänden organisierten, womit sie sich eine weitere Möglichkeit der Pflege und Erhaltung der kurdischen Literatur und Sprache schufen.

Im Iran verlief die Situation nach dem Sturz des Schahs fast analog: In größerem Umfang konnten Bücher gedruckt und Publikationen herausgegeben werden, nicht selten waren dies Nachdrucke von kurdischen Werken aus dem Irak.

Dennoch gebieten die Entwicklung vor allem in den letzten Jahren und der damit verbundene Druck auch auf die kurdischen Autoren eher Skepsis denn übertriebene Hoffnung. Denn so lange es keine Freiheit und Souveränität für das kurdische Volk geben wird, so lange wird auch die Literatur unfrei sein; die partiellen Rechte und Möglichkeiten zu publizieren sind jederzeit von Verboten bedroht.

Dies sind aber nicht die einzigen Schwierigkeiten und Gefahren für die

Entwicklung der kurdischen Sprache und Literatur. Freiheit oder Unfreiheit der Autoren sagt noch nichts aus über die Qualität ihrer Werke, und die Beispiele der Literaturgeschichte sind nicht selten, in denen gerade unter schwierigsten Bedingungen und größter Verfolgung kulturelle Werke entstanden, die zum Bleibenden der Nation geworden sind.

So etablierte sich Anfang der 70er Jahre im irakischen Teil Kurdistans eine Gruppe unter Autoren, die sich den bezeichnenden Namen *Ruwanga* (»Die Beobachtungsstelle«) gab und eine gleichnamige literarische Zeitschrift edierte. Ihre Mitglieder befaßten sich jedoch vorrangig mit literarischen Modeströmungen und ignorierten das nationale Kulturerbe, ihre Zeitschrift veröffentlichte ausschließlich die Gedichte und Erzählungen der Anhänger von »Ruwanga«. »Die Beobachtungsstelle« brachte es auf ganze drei Nummern und wurde schließlich eingestellt. Sie hatte es nicht verstanden, sich eine breite Leserschaft zu erobern. Um eine Umschreibung zu gebrauchen, stand sie mit beiden Beinen fest in der Luft, zum traditionsreichen kulturellen Boden des kurdischen Volkes hatte sie keinerlei Kontakt. Heute ist »Ruwanga« vergessen, eine nennenswerte Spur in der kurdischen Literatur hat sie nicht hinterlassen. Diejenigen Autoren von »Ruwanga« allerdings, die in der Folgezeit Literaturentwicklung als einen Prozeß begriffen, der über Modernismen der Gegenwart ebensoweit zurückreicht, wie er in die Zukunft greift, publizieren wieder in besagten gegenwärtigen Zeitschriften; und zweifellos ist ihre Resonanz größer als Anfang der 70er Jahre.

Drei von Tausenden

Vor nicht allzu langer Zeit sagte der im bundesdeutschen Exil lebende kurdische Sänger und Dichter Shivan Perwer während eines Konzerts: »Es ist in der Türkei gesetzwidrig, ein Liebeslied zu singen – falls es in Kurdisch ist!«

Shivan Perwer singt kurdisch, auch Liebeslieder. Doch die meisten seiner Lieder sind Anklagen.

»Das ist das 20. Jahrhundert,
das Zeitalter von Wissen und Wissenschaft.
Man beobachtet den Himmel, den Weltraum und die Sterne,
aber wir leben in einem unterdrückten Land,
okkupiert von Besatzern, die die Menschen versklaven . . .«
heißt es in einem der berühmtesten Lieder von Perwer.

Und weiter:
»Wir sind die Sklaven der Begs,
der Scheichs, der Mullas und der Reaktionäre.
So leben wir.
Wir sehen, daß sich der Befreiungskampf in der Welt entwickelt und vereinigt.
Warum ist es bei uns zu Hause nicht so? Warum?
Unser Land ist so reich und so schön,
aber wir sind arm und unterdrückt
und sind in den Händen der Stärkeren.
Oh Kurden!
Es ist eine Schande, eine große Schande für uns!«

Shivan Perwer mußte Mitte der 70er Jahre in seiner Heimat, im türkischen Teil Kurdistans, in den Untergrund gehen. Seine Musik wurde verboten, sein Name stand auf der Liste der Geheimpolizei. Mittlerweile lebt Perwer seit über zehn Jahren im Exil. Und die Hoffnung, in absehbarer Zeit zurückkehren zu können, ist in weite Ferne gerückt.

Doch Shivan Perwer singt, ruft zum Widerstand auf, kämpft mit seinen Mitteln. Nicht zuletzt dank denr Bemühungen des Pariser »Institut Kurde« und des ein Jahr später gegründeten »Kurdischen Instituts« in Bonn, dank der Unterstützung von Freunden und Emigrantenorganisationen sind Kassetten mit seiner Musik entstanden, finden im Ausland Konzerte statt. Und immer wieder gelangt seine Musik auch nach Kurdistan, werden Kassetten unter großen Risiken und auf abenteuerlichsten Umwegen zu seinem heimatlichen Publikum gebracht, für das deren Besitz oder das Abhören nicht weniger riskant ist – die Türkei droht mit hohen Strafen.

Shivan Perwer und seine Musik sind kein Einzelbeispiel. Ibrahim Ahmad, der ehemals von der irakischen Regierung eingekerkerte Herausgeber der Zeitschrift »Galawēz«, lebt und arbeitet, da es ihm in seiner Heimat nicht möglich ist, in London. Cegerxwin, der berühmteste Dichter Nordkurdistans, lebte in Stockholm; Yilmaz Güney, wohl der beste Filmregisseur, den das kurdische Volk hatte, mußte seine Heimat verlassen ... Die Aufzählung der Namen wäre schier endlos und würde selbst fast ein Buch beanspruchen. Und während ich diese Zeilen schreibe, sitze ich fern meiner Heimat, in der ich dieses Buch schwerlich hätte verfassen und herausgeben können, an einem Schreibtisch, und warte und hoffe und versuche mit meinen Mitteln zu kämpfen; dafür zu kämpfen, daß die Söhne und Töchter unserer Nation eines Tages nicht mehr heimatlos in der Welt herumirren müssen.

»Es ist eine Schande!«, singt Shivan Perwer in seinem Lied. Jawohl, es ist eine große Schande, in diesem Jahrhundert so etwas noch singen oder schreiben zu müssen.
Cegerxwin ist tot.

Als Sêhmus Hesen wurde er 1903 in einem kleinen Dorf der Provinz Mardin im Südosten der Türkei geboren. Früh verlor er seine Eltern, verdingte sich als Hirte und besuchte später eine Koranschule, um Religionslehrer zu werden. Während seiner Reisen durch Kurdistan lernte er die Armut, die Not und das Elend in den Dörfern seiner Heimat kennen, die ihn bedrückten, gegen die er zu schreiben begann. Sêhmus Hesen legte bald die Insignien des Religionslehrers ab und nahm einen neuen Namen an – Cegerxwin, »der mit der blutigen Leber«.

Seit 1932 wurden seine Gedichte regelmäßig in Zeitschriften gedruckt, unter anderem im *Hawar* (»Aufruf«), was ihm immer wieder Verbot und Verfolgung einbrachte. Nach der Ausrufung der Republik in Bagdad ging Cegerxwin an die dortige Universität und lehrte Kurdisch, bis er 1980 schließlich emigrierte und in Schweden eine neue Wahlheimat fand. Eine Vielzahl von Gedichtbänden stammt aus seiner Feder, und Prosaarbeiten, wie Ausgaben von kurdischen Sprichwörtern, gehören ebenso zu seinem Werk. Eine seiner letzten großen Arbeiten war eine Übertragung der bereits besprochenen »Awesta«; er verfertigte eine kurdische Grammatik; *Ferhenga kurdi Cegerxwin* (»Cegerxwins kurdisches Wörterbuch«) blieb jedoch mit zwei Bänden unvollendet. Als 1983 in Paris das »Institut Kurde« gegründet wurde, gehörte er zu den maßgeblichen Initiatoren, bei den Feierlichkeiten hielt der 80jährige seine letzte öffentliche Rede.

Ein Jahr darauf starb Cegerxwin in Stockholm. Nicht nur die Schriftsteller betrauerten den Tod des großen Dichters aus dem Norden Kurdistans. Freunde, Kollegen, Leser kamen aus allen Teilen Europas und erwiesen dem Toten die letzte Ehre. Als die syrische Regierung die Genehmigung erteilte, wurde sein Leichnam übergeführt. In Kamishli wurde er im Garten seines Hauses beigesetzt. Und Tausende Männer, Frauen und Kinder standen am Grab des großen und weisen Sohnes der Nation.

1983 sollte zu einem Filmfestival in der Bundesrepublik auch Yilmaz Güney eingeladen werden. Die Veranstalter wandten sich deshalb an das Bundesjustizministerium, um eine Garantie zu erhalten, daß der im französischen Exil lebende Regisseur auch wieder unbehelligt ausreisen könne. Das Bundesjustizministerium antwortete am 5. 4. 1983 folgendes:

»Die türkische Regierung hat zuletzt mit Verbalnote vom 23. Februar 1983 um Auslieferung von Herrn Güney in die Türkei zur Vollstreckung einer Restfreiheitsstrafe von 11 Jahren, 11 Monaten und 3 Tagen aus einem Urteil der

Ersten Großen Strafkammer in Ankara vom 13. Juli 1976 ersucht. Herr Güney wurde durch dieses Urteil zu einer 18jährigen Zuchthausstrafe und zu einer einjährigen Gefängnisstrafe wegen Totschlags an einem Richter u. a. verurteilt. Die Bundesrepublik Deutschland ist auf Grund der mit der Türkei bestehenden vertraglichen Bedingungen verpflichtet, einem Ersuchen um Festnahme und Auslieferung von Verfolgten in die Türkei nachzukommen, falls die übrigen Voraussetzungen des im Verhältnis zwischen beiden Staaten geltenden Europäischen Auslieferungsübereinkommens erfüllt sind. Die Bundesregierung sieht sich deshalb nicht in der Lage, die von Ihnen gewünschte Zusicherung abzugeben.«

Yilmaz Güney also; wer war dieser Regisseur, der seit 1982 in Frankreich politisches Asyl erhielt, der sowohl in Spanien wie in Griechenland anläßlich von Aufführungen seiner Filme ausdrücklich unter dem Schutz der jeweiligen Regierung stand, dem die Bundesregierung aber mit ihrer hilfreichen Haltung gegenüber der türkischen Regierung keinerlei Zusicherung geben wollte?

Yilmaz Güney war weltbekannt und auch den bundesdeutschen Fernsehzuschauern und Kinogängern kein Fremder mehr. Seine sozialkritischen Filme *Sürü* (»Die Herde«), *Yol* (»Der Weg«) und sein letzter Streifen »Die Mauer« fanden starke Beachtung.

1937 wurde er in einem Dorf in der Nähe von Adana in Südanatolien geboren; schon als Kind, später als Jugendlicher, mußte er für den Unterhalt der neunköpfigen Familie mitsorgen. Als Wasserträger, Baumwollpflücker, Metzgergehilfe und Schreiber beispielsweise verdiente er nicht nur erstes Geld, sondern erfuhr auch hautnah das Leben auf einer der niedrigsten Sprossen der türkischen Gesellschaftsleiter.

20jährig erhielt er seine erste Rolle in einem Film, im gleichen Jahr erschien sein literarisches Debüt »Ungleichung mit drei Unbekannten«, dessen Sozialkritik die Zensur mit dem Prädikat »kommunistische Propaganda« bedachte und wofür ihn die türkische Justiz 1961 mit 18 Monaten Gefängnis und 6 Monaten Verbannung »auszeichnete«.

Güney spielte in über hundert Filmen, wobei ihn seine realistische Darstellungsweise rasch populär machte. 1966 begann er als Regisseur zu arbeiten, doch bereits wenige Jahre später schickte ihn die türkische Justiz wiederum ins Gefängnis; er hatte aufständische Studenten beherbergt. Nach zwei Jahren öffnete ihm ein massiver in- und ausländischer Protest die Gefängnistore. Aber wiederum nur für kurze Zeit. Güney wurde in den Mord an einem Richter verwickelt. Das anschließende Verfahren jedoch, wie die vorausgehenden Untersuchungen, wurde in einer fast skandalösen Art und Weise abgewickelt und entbehrte grundlegendster Ermittlungen.

Trotz dieser Umstrittenheit wurde Yilmaz Güney verurteilt – zu 18 Jahren. Im Gefängnis entstanden die Drehbücher zu seinen wichtigsten, eingangs erwähnten Filmen.

1981, während eines Hafturlaubs, konnte er fliehen, zuerst nach Griechenland, dann nach Frankreich, wo er als politischer Flüchtling anerkannt wurde und eine reguläre Aufenthaltsgenehmigung erhielt. 1982, beim Filmfestival in Cannes, stellte er sich mit seinem Film *Yol* der Weltöffentlichkeit und wurde mit der »Goldenen Palme« ausgezeichnet.

Yol (»Der Weg«) erzählt die Geschichte von fünf Häftlingen, die nach zwei Jahren für kurze Zeit aus der Haft und zu ihren Familien dürfen. Doch es ist kein Schritt in die Freiheit – alle fünf müssen feststellen, daß sich das Land unter der Militärherrschaft in einen einzigen großen Kerker verwandelt hat. Alle fünf zerbrechen an den Umständen, ob sie nun politisch-gesellschaftlicher Art sind, ob es überalterte Moralnormen sind oder festgefahrene Familientraditionen. *Yol* – das ist ein einziger bild- und wortgewaltiger Schrei nach Veränderung.

1983 bürgerte die Türkei Yilmaz Güney offiziell aus. 1984 starb er im Alter von 47 Jahren an Magenkrebs. Er hatte ein Leben zwischen Gefängnis und Film geführt. Das Gefängnis schärfte seinen Blick und nahm ihm schließlich die Gesundheit. Den Film liebte er, ohne diese Liebe hätte er nicht drehen können. Zuletzt blieben ihm nur wenige Jahre der Freiheit.

Unter den Materialien, die mir bei der Arbeit an diesem Buch vorlagen, befindet sich auch eine Rede von Fatos Güney, seiner Frau, die sie auf einer Gedenkveranstaltung des »Institut Kurde« hielt. Diese Rede hat mich tief ergriffen, ich habe sie wieder und wieder gelesen und erlaube mir, kommentarlos zu zitieren:

»In den 16 Jahren meines Lebens, die ich mit Yilmaz verbracht habe, war der Tod immer spürbar. Wir sind oft mit unterschiedlichen Morddrohungen konfrontiert worden, aber ich habe nicht damit gerechnet, daß er an Krebs stirbt.

Bevor ich Yilmaz kennenlernte, wußte ich nicht, was es bedeutet, wenn ein Mensch sich immer mit dem Rücken zur Wand setzt und zusammenzuckt, sobald ein anderer unerwartet in seine Tasche greift. Ich ahnte auch nichts von der möglichen Gefahr dunkler Straßen und Ecken. Ich konnte mir nicht vorstellen, daß Menschen aus politischen Gründen sogar Morddrohungen von einigen Polizeichefs bekommen. Nachdem ich ihn getroffen hatte, begriff ich, warum Menschen Waffen tragen (...). Es gab keinen Grund, ihm feindlich gesinnt zu sein. Er empfand Liebe für die Sonne, die Erde, die Menschen, er wollte sehen, denken und begreifen. Er träumte von einer freien, menschlichen Welt. Seine Liebe war so groß, daß sie auch den Tod nicht ausschloß ...«

Und Fatos Güneys Rede endet: »Ich begrüße euch mit Yilmaz' warmem, unvergeßlichem Lächeln.«

Wenn ich aus dem Fenster sehe, schaue ich auf fremde Häuser, Straßen, auf eine Wahlheimat fern meiner kleinen Heimatstadt Tuz in der Nähe von Kirkuk. Der Fluß, der dort fließt, heißt »Weißes Wasser«, ist klar, und man kann sein Wasser trinken, über den Steppen flimmert die Sonne, und am Horizont erheben sich die Berge. Im Frühjahr 1967 bin ich vorn dort weggegangen, an den Berghängen erblühten gerade die Blumen, riesige, farbenprächtige Teppiche, und über dem Jambur brannte die ewige Flamme des Erdöls. Dieses Bild trage ich seither in mir. Ich schreibe dies zum besseren Verständnis des letzten Satzes dieses Kapitels: Ich verneige mich vor Shivan Perwer, Cegerxwin und Yilmaz Güney, vor diesen dreien und vor den vielen tausend anderen.

VII. Zeittafel

200 000–100 000 v. Chr.	»Faustkeilkultur« und »Klingenkultur« in Kurdistan.
zwischen 52 000–35 000 v. Chr.	Herausbildung der Kultur des Neandertalers, Schanidar-Höhlen in der Nähe von Sulaimania in Irakisch-Kurdistan.
um 3000 v. Chr.	Uruk-Zeit, Erfindung der Schrift durch die Sumerer; Tempelbauten.
2350–2300 v. Chr.	Akkad-Zeit, Großreich unter Sargon I.
2200–2075 v. Chr.	Gutäerherrschaft, Unterwerfung eines großen Teiles von Südmesopotamien durch Gutäer und Lubi.
2000 v. Chr.	Sumerische Tontafeln mit den Formulierungen »Land der Karda« oder »Land der Qarda«.
1100 v. Chr.	Der assyrische König Tiglatpileser erobert die Völker der Guti.
1. Jahrt. v. Chr.	Medische Stämme lassen sich östlich des Zagros-Gebirges nieder.
652 v. Chr.	Skythische Welle drückt die Kurden nach Süden.
653–625 v. Chr.	Die Skythen beherrschen das Reich der Meder.

612 v. Chr.	Eroberung Ninives unter Kyaxares, dem Führer der Meder im Bündnis mit den Babyloniern. Beginn der kurdischen Zeitrechnung.
401 v. Chr.	Begegnung Xenophons mit den Karduchen.
637 n. Chr.	Die islamisierten Araber kommen mit den Kurden in Berührung.
639	Blutige Kämpfe zwischen Kurden und Arabern in Chusistan.
643	Die Araber besetzen Shahrizur (heute Sulaimania in Irakisch-Kurdistan).
645	Die mit Gewalt islamisierten Kurden fallen in Massen wieder vom Glauben ab. Unter dem Kalifen Ali nehmen die Kurden an dem Aufstand der Charijiten teil.
708	Kurdische Aufstände in Fars. Die Kurden werden von al-Hadjajd, dem Wali von Irak, grausam bekämpft.
743	Der kurdische Führer Abu Muslim leitet den Kampf gegen die Omajjaden.
750	Untergang des Omajjadenreiches und Entstehung des Abbasidenreiches. Die Kurden werden wieder enttäuscht, obwohl sie die Abbasiden bei ihrer Machtergreifung unterstützt hatten.
839	Aufstand der Kurden im Gebiet von Mosul, Irakisch-Kurdistan, in der Zeit al-Mutasims.
846	In den Gebieten Isfahan, Djibal und Fars bricht ein Aufstand der Kurden aus, der von dem türkischen General Wasif niedergeschlagen wird.

866	Die Kurden von Mosul schließen sich dem Charijitischen Musawir an, der sich Mosuls bemächtigt hatte.
875	Teilnahme der Kurden am Aufstand der Zandji-Sklaven in Ahwaz.
894	Die Kurden stehen auf der Seite des Arabers Hamdan Ibn Hamdun, als sich dieser in Mosul niederläßt.
897	Kurdische Erhebung unter der Führung von Abu Laila in der Gegend von Mosul.
906	Aufstand der Hadbani-Kurden unter Muhammed Ibn Bilal. Verfolgung von ca. 5000 Hadbani-Familien im Gebiet von Ninive.
907	Aufstand der Djalali-Kurden in der Umgebung von Mosul.
951	Gründung der kurdischen Dynastie der Shaddadiden unter Muhammed Shaddad bin Kartu aus dem Stamm Rawadi. Beginn des Feudalisierungsprozesses in Kurdistan.
959	Zweite kurdische Dynastie in Djibal, gegründet von Hasanwaih, Haupt des Stammes Barzikani.
979	Strafexpedition gegen die Kurden von Shahrezur.
980	Expedition gegen die Hakkari-Kurden.
990–1096	Kurdische Dynastie der Marwaniden.
1029	Erste Kämpfe zwischen den Ghuzz, den Vorläufern der Seldschuken, und den Kurden in Ray.
1100	In der Gegend von Khilat verschwindet der letzte Marwanide.

1100 Kurdische Feldzüge nach Dudjail, Mardin und Syrien.

1101 Vernichtung von 2000 Kurden des Surkhab durch die Turkmenen unter Salghur Karabuli. Die Turkmenen bemächtigen sich daraufhin aller Besitzungen des Surkhab, mit Ausnahme von Shahrazur, Dakuk und Khuftidakan.

1120 Bildung der Provinz »Kurdistan« aus Djibal und Bahar (nordöstlich von Hamadan) unter Sulaimanshah Aiba.

1134 Imad al-Din Zanghi erobert Tanza, al-Akr, Shush und Ashib. Das Fort Djalab erhielt den Namen Amadiya zu Ehren Imad al Dins.

1139 Zangi entreißt dem Turkmenen Kifdjak Arslan Tash die Stadt Shahrazur.

1142 Feldzug Zangis gegen die Hakkari. Er erobert Iran und Khizan.

1171 Herrschaft der Ayyubiden unter Saladin.

1217 Die Kurden des Zagros besiegen die Truppen Khwarzimshahs.

1245 Die Mongolen verwüsten Sharazur.

1252 Die Mongolen verwüsten Diyarbakir.

1257 Die Provinz Kurdistan, die in der Seldschukenzeit entstand und deren Hauptstadt Bahar war, wird von den Mongolen erobert.

1258 Hulagu plündert Bagdad. Untergang des Abbasidenreiches.

1260	Im Lande der Hakkari werden alle Kurden, die den Mongolen in die Hände fallen, getötet.
1313	Die kurdischen Provinzen werden von mongolischen Emiren verwaltet.
14. Jh.	Durch die Eroberungszüge der Mongolen wird die politische Rolle der Kurden vollkommen in den Schatten gestellt.
1394–1401	Feldzüge Timurs gegen die Kurden.
1401	Timur kehrt von Bagdad nach Adharbaijan zurück und wird auf diesem Wege von den Kurden angegriffen.
1470	Djazira kommt vollkommen in die Gewalt der Akkoyunlu.
1514	Die Schlacht von Tschaldyran bedeutet einen schweren Schlag für die Perser. Von dieser Zeit an ist Kurdistan etwa drei Jahrhunderte lang Schauplatz der Auseinandersetzungen zwischen den osmanischen Sultanen und den persischen Schahs. Die Türken bestätigen erbliche kurdische Regierungen *(kürd Hukümetleri).* Ein gleiches System wird daraufhin in ganz Kurdistan von Malatiya bis Bayazid und Shahrazur eingeführt.
1533–1553 **1601–1612** **1623–1629**	Kriege zwischen Türken und Persern mit der Beteiligung von Kurden auf beiden Seiten.
1638	Murad IV. bemächtigt sich endgültig Badgads. Im Folgejahr wird der Vertrag mit Persien unterzeichnet, der bis zum 19. Jh. hinsichtlich der türkisch-persischen Grenzregulierung gültig bleibt.
1732	Die Perser erhalten ihre ehemaligen westlichen Provinzen zurück.

1736	Die alten Grenzen von 1639 werden wiederhergestellt.
1747	Entstehung der Dynastie Zand unter Karim Khan Zand.
1788–1812	Aufstand von Baban unter Abd ar-Rahman.
1820	Aufstand der Zaza-Kurden.
1821	Infolge von Verwicklungen mit den kurdischen Stämmen Haidaranlu und Sipkan fallen die Perser in türkisches Gebiet bis Bitlis und Mush ein, gleichzeitig dringen sie auf der Straße von Kirmanshah bis Shehreban in der Nähe von Bagdad vor.
1823	Unterzeichnung eines Friedensvertrages in Erzerum, in dem die Grenzen von 1639 wiederhergestellt werden. Die Perser weigern sich jedoch, das kurdische Gebiet von Zohab zu räumen. Die Sulaimania-Frage bleibt ungelöst.
1830	Mehrere Aufstände unter der Führung von Badr-Khan, Said Beg und Muhammed Pascha von Rawanduz. Letzterer hatte seine Unabhängigkeit erklärt.
1831	Mir Muhammed Pascha von Rawanduz bemächtigt sich Arbils, Altun-kopris, Koisanjaks und Ranias, später besetzt er Akra, Zibar und Amadiya.
1832	Die Truppen des Pascha Rawanduz dringen bis nach Sacho und Djazira vor. Ali, der Führer der Jesidi-Kurden, der sich weigert, zum Islam überzutreten, wird hingerichtet. Massaker auf dem Hügel von Koyunjik und Verfolgung der Jesidi-Kurden.
1835	Bewegung unter Ismail Pascha in Bahdinan.

1836	Mir von Rawanduz, Muhammed Pascha, wird durch eine List gefangengenommen.
1842	Ein neuer Krieg droht auszubrechen, als Großbritannien und Rußland vermittelnd dazwischentreten.
1843	Bewegung unter Badr Khan Pascha in Bohtan.
1843	Beginn des Aufstandes des Nurallah Beg von Hakkari und des Badr Kahn von Djazira.
1847	Ein bedeutendes Heer unter Othman Pascha greift die Kurden an. Badr Khan und Nurullah, die in mehreren Schlachten geschlagen worden waren, ergeben sich und werden aus Kurdistan vertrieben.
1847	In Erzerum wird ein neuer Vertrag unterzeichnet, nach dem Zohab zweigeteilt werden soll, während Persien zugunsten der Türken auf den Anspruch auf Sulaimania verzichtet.
1848–1852	Eine Kommission, bestehend aus Vertretern von vier Mächten, bereist die Grenze.
1854	Aufstand von Yazdan Shir.
1877–1878	Aufstand unter den Kurden von Hakkari, Bahdinan und Bohtan, geführt von dem Sohn des Badr Khan und Erhebung unter Scheich Ubaidalla aus dem Nakschabandi-Orden.
1880	Aufstand unter Scheich Abdallah Nahri.
1889	Aufstand von Bitlis.
um 1891	Shakir Paschas Versuch, irreguläre kurdische Regimenter zu schaffen, scheitert.

1894	Blutige Zusammenstöße zwischen Armeniern und Kurden in Sasun.
1895	Ein Aufstand unter den Kurden von Hakkari, der rasch unterdrückt wurde.
1905	Unter Führung des kurdischen Dichters Kadi Fattah gelingt es, in Sakz, Kermanschah und Mahabad (Iranisch-Kurdistan) Konsultativräte zu bilden. Zur gleichen Zeit erhob sich der Stamm Schakak, um Autonomie für Kurdistan zu fordern.
1908	Ibrahim Pasha Timawi, Führer des Stammes Milli im Gebiet Shariweran (zwischen Diyarbakir und Aleppo) empört sich offen gegen die Verfassung von 1908, zieht sich in das Abd al-Aziz-Gebirge zurück, wo er getötet wird.
1913	Unterzeichnung eines Grenzberichtigungs-Protokolls in Konstantinopel. Eine Viererkommission (Türkei, Persien, England, Rußland) legt die Grenze der strittigen Gebiete fest.
1913	Aufstand in Bitlis.
1914	Abd as-Salam Barzani führt einen Aufstand, der sich über weite Gebiete Irakisch-Kurdistans ausbreitet. In dieser Zeit erreichen die Ereignisse in Türkisch-Kurdistan ihren Höhepunkt.
1914	Wenige Monate vor Ausbruch des Ersten Weltkrieges führen die Kurden einen erfolgreichen Partisanenkrieg gegen die türkische Armee, z. B. Baschar Dshatu in Karazan.
1916	Sykes-Picot-Abkommen (Neuaufteilung Kurdistans).

1918	Im Programm des Präsidenten Wilson für den Weltfrieden werden u. a. die Rechte der Kurden erwähnt.
1919	Aufstand unter Scheich Mahmud al-Hafid in Irakisch-Kurdistan.
1920–1925	Smku-Bewegung »Ismail Aga ash-Shakaki« in Urmiya.
1920	Vertrag von Sèvres (10. 8. 1920). Die kurdische Delegation unter Scherif Pascha fordert die nationalen Rechte für die Kurden.
1923	Im Vertrag von Lausanne (24. 6. 1923) werden die Rechte der Kurden vernachlässigt.
1925	Aufstand unter Scheich Said Biran, Befreiung von Gebieten in Sirt, Harbut und Diyarbakir.
1927–1931	Aufstand von Akre Dagh (Ararat) unter Führung der kurdischen Khuybun-Vereinigung.
1931–1932	Aufstand unter Scheich Ahmed al-Barsani.
1932–1936	Aufstand unter Kahlil Khoshewi.
1936–1938	Bewegung von Dersim unter der Führung von Sayyid Reza.
1937	Vertrag von Saad Abad zwischen Iran, Irak, der Türkei und Afghanistan. Er richtet sich auch gegen die kurdische Befreiungsbewegung.
1943–1945	Aufstand von Barsan unter Führung von Mustafa al-Barsani.
1946	Bewegung unter Kadi Muhammed und Proklamation der Demokratischen Republik von Mahabad am 13. Januar.

1956	Bagdad-Pakt zwischen der Türkei, Irak und Iran. Der Vertrag sah unter anderem die gemeinsame Niederschlagung möglicher Aufstände vor und fand während des Aufstands in Iranisch-Kurdistan sofortige Anwendung, der von irakisch-iranischen Streitkräften niedergeschlagen wurde.
1958	Proklamation der Republik Irak nach dem Militäraufstand durch General Kassem.
1961	Aufstand in Irakisch-Kurdistan unter Mustafa al-Barsani, Führer der Kurdistanischen Demokratischen Partei.
1967–1968	Aufstand der Kurden in Iranisch-Kurdistan unter Führung der Kurdistanischen Demokratischen Partei.
1970	Veröffentlichung der Märzdeklaration über die Rechte der Kurden im Irak.
1974	Verkündung des Autonomiegesetzes für Irakisch-Kurdistan am 11. März.
1975	Am 8. März 1975 kommt es zu einer iranisch-irakischen Vereinbarung. Der Iran beschließt, seine Waffenhilfe für die irakischen Kurden einzustellen.
1976	Wiederaufflammen des Aufstands in Irakisch-Kurdistan unter Führung der Kurdistanischen Demokratischen Partei bis in die Gegenwart.

VIII. ANHANG

Über die philologische Entwicklung des Begriffes »Kurd«

Die Begriffe »Kurdistan« und »Kurd« waren häufig Gegenstand philologischer Untersuchungen. Ein Teil der Historiker nahm deren Ergebnisse zur Grundlage für ihre Auffassungen über den Ursprung der Kurden, ohne die anderen Bereiche des gesellschaftlichen Lebens zu berücksichtigen.

Die philologischen Untersuchungen sind für uns von Bedeutung für die Auswertung altertümlicher Quellen und dienen mit zur Erforschung der geschichtlichen Entwicklung. Allein von der philologischen Seite her kann jedoch keine wissenschaftlich fundierte Auffassung über den Ursprung der Kurden entwickelt werden. Die älteste uns bekannte Quelle, in der die Bezeichnung »Qarda« zum ersten Mal auftaucht, sind sumerische Tontafeln aus dem 3. Jahrtausend v. Chr. Wir finden dort die Formulierung »Land der Kar-da« oder »Land der Qarda«. So wurde das Gebiet von »Su« bezeichnet, das sich südlich des Van-Sees befindet.

Nöldecke behauptet, daß uns die Bezeichnung »Kardu« zum ersten Mal beim Zuge der Zehntausend begegnet.

Driver vermutet eine Beziehung zwischen der vorher genannten Form »Kar-da« und »Qur-ti-e« oder »Kur-ti-e«. Die Kur-ti-e lebten im Gebirge westlich des Van-Sees. Heute noch ist die Gebirgsgegend um den Van-See von Kurden bewohnt.

Er vergleicht »Kurd« mit dem persischen Wort »Gurd« (Held) und identifiziert beide Begriffe.

Durch folgende Untersuchungen der Bildung von »Kardu« will Driver beweisen, daß die Bezeichnung »Karduchen« und »Guti« oder »Gutu« nicht gleichzusetzen sind.

Die im ersten Jahrhundert v. Chr. bis zum 5. Jahrhundert n. Chr. vorhandenen Formen in der griechischen Literatur und in den lateinischen Quellen stellt Driver folgendermaßen zusammen:

Im 1. Jh. v. Chr.:
Cordueni
Gordyene
Gordyaeus und Gordyaeá

Im 1. Jh. n. Chr.:
Gordyeni und Gordyene
Cordueni
Gordyaeus
Kordyaei
Cordiaei(?)

Im 2. Jh. n. Chr.:
Gordyene
Gordyaeus
Korduéne
Kardynus

Im 4. Jh. n. Chr.:
Kardúéni
Cardueni
Kordyaei

Im 5. Jh. n. Chr.:
Cardueni oder Cordueni
Corduena
Cordyena
Karduèni

Bei patristischen Autoren:
Kardyens
Cordulia

Formen in der Veröffentlichung von Barhebraus:
Qardú
Kardú

Qardawa'ye
Qurdáye
Kurdáye

Nach der Trennung der Termini »Karduchen« und »Guti« bzw. »Gutu« setzt nun Driver das aus dem Altsyrischen stammende »qardawáye« mit »Karduchen« in Verbindung.

Die Stadt Jezirat-ibn-Umar, die Hauptstadt von Qardu, ist heute Siedlungsgebiet der Kurden. Qardu und seine Bewohner Qardawaye werden im Alten Testament erwähnt. Man findet dort die Bezeichnung »Land Ararat«(-Kurdistan). (2. Könige, 19, 37. Jesaja, 37, 38).

Ebenfalls im Talmud wird das Land von Qardú erwähnt, wo Abraham sieben Jahre lang gelebt haben soll.

Driver untersucht die Beziehungen zwischen Qardú und Karduchen:

Gázartá d'Qardú
Gázartá d'Qardwithá
Gázartá d'Qardawáye

»Qardawáye« hat eine altsyrische Pluralendung. Es besitzt Ähnlichkeit mit »Kárduch« und »Gordiae«. Die hebräische Form mit Pluralendung lautet »Qardewáyin«.

Richtig scheint uns die Schlußfolgerung Drivers zu sein, daß folgende Begriffe auf einen gemeinsamen Ursprung zurückzuführen sind:

Qarda (oder Karda), Karduchi, Gortochi (und Gordi),
Kardakes und Cyrtii, Gordyaei, Cordueni, Qardu und
Qarda, Qardawáyé, Qurdáyé, Kartawáyé und Kurdayyá.

M. Hartmann und Nöldecke vertreten die Ansicht, daß »Cyrtii« und »Karduchen« nicht identisch sind.

Zusammenfassend können wir feststellen, daß in der Literatur vier Hauptformen zu finden sind:

1. Karduch(en)
2. Cyrtii
3. Karda
4. Guti

Mit Sicherheit können wir sagen, daß mit diesen vier Begriffen, die sich im wesentlichen nur durch die Pluralendung unterscheiden, die Altkurden gemeint sind. Die unterschiedlichen Namen kamen dadurch zustande, daß es mehrere Siedlungsgebiete gab, die voneinander isoliert waren.

Bei der Entstehung der Vielzahl der Bezeichnungen spielte wesentlich die Tatsache eine Rolle, daß Geschichtsschreiber verschiedener Länder und Sprachen aller Jahrhunderte sich mit dem Volk der Kurden beschäftigten.

Hauptsächlich unterscheiden sich die Begriffe durch die Pluralendungen. Im gegenwärtigen Sprachgebrauch können wir das an einer Reihe von Beispielen noch beweisen:

Al-Akrâd	(arab.)
Kürtler	(türk.)
Kurdân	(persisch)
The Kurds	(engl.)
Die Kurden	(deutsch)
Kurdwi	(russ.)

Wenn heute diese verschiedenen Formen existieren, ist es nicht verwunderlich, daß in der Vergangenheit für den gleichen Begriff ebenfalls mehrere Formen entstanden waren.

Die bedeutenden Stämme der Kurden im Mittelalter nach Chéref-Name

Gruppe A: Zwischen Djazira und Dersim

Die Fürsten von Djazira behaupteten zwar, omajjadischer Herkunft zu sein, geben aber als ihren Ahnherrn Khalid b. Walid an. In diesen verwirrenden Genealogien handelt es sich darum, die Erinnerung an Bündnisse zwischen den Kurden und den Omajjaden mit dem Lokalkult der Nachkommen des berühmten Generals Khalid b. Walid, deren Gräber bei Sc'erd gezeigt werden, in Verbindung zu bringen.

Im Chéref-Name werden die Familienbesitztümer Bezirk Bokhti genannt und im einzelnen – aber ohne System – 14 Nahiya (Kreisgebiete) aufgezählt, die dieses bedeutende Lehnsgut bilden: Gurgil, Arwakh, Pirnz, Hadan und Tanze (die beiden letzteren wurden von dem Stamm Karsi eingenommen), Finik, Tur, Haitam und Shakh (die drei letzteren von den Christen bewohnt), Nish, Atil, Aramshat (dessen Stamm der Braspi der mächtigste unter den Stämmen von Bokht ist), Kawar oder Kamiz und Dair-dih.

1. Das Lehngut Djazirat Ibn Omar lag zwischen dem linken Ufer des Bohtan und dem Tigris. Aber die Quellen des Bohtan sollen nicht zu dem Fürstentum gehört haben.

2. Ishayerd und Muks sind die Ahnherren der Statthalter von Khizan. Diese beiden Brüder waren zur Seldschukenzeit aus Belidjan (Khnis) gekommen. Der Stamm des bedeutendsten Lehens, das längs der rechten Zuflüsse des Bohtan lag und sich selbst auf Marwana erstreckte, war Namiran.

3. Shirwan, am rechten Ufer des Bohtan, liegt stromabwärts von Khizan und nordöstlich von Sc'erd. Die Ahnherren der Statthalter dieses Gebietes (Shirawi) standen im Dienste der Ayyubiden und kamen zur gleichen Zeit nach Shirwan wie die Malikan nach Hisn-Kaifa. Bei den Malikan spielten die Shirawi sogar die Rolle der Wesire. Die Hauptstadt des Gebietes Shirwan war Kufra, andere Dependenzstädte Awil, Shabistan und Itun.

4. Bitlis – Der Stamm Ruzagi soll seinen Namen einem besonderen Tage verdanken:

Eines Tages (Ruzi) versammelten sich im Dorf Tab im Bezirk Khoit (heute Kaza Modki westlich von Bitlis) 24 Clans, um einen Bund zu schließen, der sich später in 2 Gruppen spaltete: Bilbasis (10 Clans) und Kawalisi (10 Clans). Das Chéref-Name zählt alle 24 Clans der Ruzagi auf; 5 davon waren die alten Bewohner, die übrigen die Neuangekommenen.

5. Die Statthalter von Sasun (Hazo) hießen nach ihrem Ahnherrn Izz al-Din, dem Bruder des Diya al-Din von Bitlis, Izzin.

6. Die Statthalter Suwaidi waren angeblich barmakidischen Ursprungs, ihre Ahnherren wurden von dem Stamm der Suwaidi aufgenommen. Ihr Erblehen war Gandj.

7. Der Stamm Pazuki, den Shéref al-Din zu den Stämmen Persiens zählt, soll aus dem Stamm der Suwaidi hervorgegangen sein. Nach dem Chéref-Name »hatte er keine bestimmte Religion« und wies Anzeichen von Häresie auf. Dieser Stamm bestand aus zwei Zweigen, Khalid-begen und Sheker-begen, und war den Emiren von Bitlis unterstellt.

8. Die Statthalter Mirdasi behaupteten, von den Abbasiden abzustammen. Ihr Ahnherr war ein Sufi, der von Hakkari nach Agil gekommen war – die Mirdasi waren seine Anhänger geworden.

9. Die Statthalter von Gamishgezek behaupteten, abbasidischer Abstammung zu sein, aber ihre Namen selbst weisen eher auf türkisch-seldschukische Herkunft hin. Ihr Ashirat (Stamm) hieß Malkishin. Ungefähr 1000 Familien standen in persischen Diensten (in Persien?). Die Besitzungen der Malkishi waren so zahlreich, daß der Name Kurdistan mit Gamishgezek gleichbedeutend geworden war.

Gruppe B: Zwischen Djazira und Kilis

1. Hisn-Kaifa – Die Lokalfürsten (Malikan) gaben an, ayyubidischen Ursprungs zu sein. Im Chéref-Name wird als erster Fürst Malik Sulaiman, gestorben 1335, erwähnt, der das Lehen Hisn-Kaifa vom Statthalter von Mardin erhalten hatte.

2. Sulaimani – Die Statthalter marwanidischer Abstammung setzten sich zuerst in Khukh im Bezirk Shazali (zwischen dem Kulp und dem Batman-Su) fest, aber nach und nach bemächtigten sie sich einer Reihe fester Schlösser und des Gebietes bis hin zum Tigris. Sie beherrschten einen mächtigen Stammesverband – die meisten dieser Stämme waren Nomaden und wanderten im Sommer bis nach Ala-tagh. Eine große Anzahl von ihnen bekannte sich zu den jesidischen Lehren. Der bedeutendste unter ihnen war Banuki, der tatkräftigste aber war Basiyan, von dem 1000 Familien unter ihrem Häuptling Shahsuwar nach Bayazid auswanderten.

3. Zraki – Der Ahnherr dieser Familie war ein arabischer Sufi alidischer Herkunft aus Syrien, der zur Zeit Ortoks nach Mardin gekommen war. Die Zraki bestanden aus vier Zweigen: Die Hauptzweige bildeten die Tardjil (westlich vom Batman-Su) und die Atak, die beiden anderen waren die Darzim (das ehemalige christliche Kloster Deir-Zir) und die Kurdikan (zwischen Diyarbakir und Maiyafarikin).

4. Kilis – Die Dynastie der Statthalter glaubte, mit den Hakkari und Amadiya verwandt zu sein. Ihr Ahnherr Mai'id hatte bei den Ayyubiden Dienste geleistet und von ihnen den Bezirk Kusair bei Antiochia erhalten. Unter seiner Herrschaft vereinigten sich die Jesidi von Kusair, die zwischen Hama und Mar'ash lebenden Kurden sowie die Djom und Kilis.

Gruppe C: Zwischen Djazira und Khoi

1. Hakkari und Shamidanan. Der Autor des Chéref-Name scheint den ehemaligen Wohnsitz des Stammes um Amaidiya herum nicht gekannt zu haben, von wo ihn die Atabeks Zangi nach Norden hin verdrängt hatten. Die Emire nämlich gaben an, abbasidischer Abstammung zu sein. Als erster Amir wird Izz al-Din, was als einfache Arabisierung des Namens Yezdan-Shir wahrscheinlich ist, im Chéref-Name erwähnt.

2. Das Lehen Mahmudi liegt nördlich von Hakkari an den Zuflüssen des Van- und Arcak-Sees. Die Statthalter – Marwaniden oder Abbasiden von Bokhtan –, die sich zuerst zu den jesidischen Lehren bekannten, ließen sich dort zur Zeit der Kara-Koyunlu nieder und gerieten bald in Streit mit den Hakkari und den Dumbuli.

3. Die Dumbuli als Stamm der Bokhtan erhielten Sukman-abad nordwestlich von Khoi (heute Zurawa) als Lehen, als sie nach Adharbaidjan kamen.

4. Dradost. – Ihre Besitztümer lagen westlich von Urmia. Die Familie der Statthalter stammte von den Guran oder von den Nachkömmlingen der Hasanwaihiden-Dynastie ab.

5. Ustuni. – Das Kapitel, das in den Handschriften fehlt, sollte gewiß von der ersten Dynastie von Shamadinan handeln, deren Sitz gerade Ustuni in der Nahiya Harki war.

Gruppe D: Südlich von Hakkari

1. Amadiya – Wie bereits erwähnt, ist die Stadt Amadiya an Stelle einer ehemaligen Burg unter Imad al-Din Zangi (1128–1143) erbaut worden. Die Lokal-Dynastie Bahdinan, von der das Chéref-Name spricht, scheint sich nach dem Verschwinden der Zangiden im 13. bis 14. Jahrhundert im Lande niedergelassen zu haben.

2. Tasini (Dasini). – Auch das Kapitel über diesen bedeutenden yazidischen Stamm fehlt in den Handschriften, aber im Text ist erwähnt, daß die Emire von Amadiya das Gebiet Duhok vom Sandjak-i Tasim losrissen. Weiterhin lesen wir, daß Sultan Selim im Jahre 1534 den Sandjak Arbil und »im allgemeinen das ganze Wilayet Sohran an Husain Beg Dasini, einem Jesiden-Fürsten«, gab, was einen blutigen Streit mit den Sohran hervorrief.

3. Sohran. – Sie sind Nachkommen des Khans, der sich nach Hudiyan in der Nahiya Awan zurückgezogen hatte. Die Hauptstadt der Sohran war Harir, gelegen an einem Nebenfluß des Großen Zab, stromabwärts von Rawanduz.

4. Baban. – Unter dieser Bezeichnung finden sich mehrere aufeinanderfolgende Dynastien. Ihr Erblehen mit der Hauptstadt Shari-bazer lag südlich des Kleinen Zab. Im Jahre 1784 aber erbauten die Baban sich in Sulaimania eine neue Hauptstadt.

5. Die Mukri, ein Zweig des Stammes der Baban, bewohnen heute die Gegend südlich des Urmia-Sees inne.

6. Bana. – Die Fürsten Ikhtiyar Al-Din trugen diesen Namen, da sie aus eigenem Antrieb (Ikhtiyar) den Islam angenommen hatten.

7. Ardilan bezeichnet eine westpersische Provinz mit einem Areal von 64 700 km^2. Es ist eine von den Ketten des westlichen iranischen Randgebirges, des Zagros, erfüllte Landschaft mit rauhem Klima, die nur in einigen Tälern anbaufähigen Boden bildet, sich aber durch Waldreichtum – vor allem Eichen – auszeichnet.

8. Kalhar (Kalhurr). – Die Fürsten sehen in Gudarz, dem Vater des Giw der iranischen Heldensage, ihren Ursprung. Ihr Ashirat, der Guran, basiert auf drei Zweigen: den Palangan, den Dartang und den Malu-dasht.

Bildnachweis

Die Abbildungen auf den Seiten 33, 34, 35, 36, 37, 38, 39, 40, 113, 114, 115, 116, 117, 118, 119 und 120 stammen von Hannes Reichmann, Wien.

Die Abbildungen auf den Seiten 23, 44, 104, 138 und 145 stammen aus dem Archiv des Autors.

Literaturverzeichnis

Ali Abdulla, *Geschichte der Kurdistanischen Demokratischen Partei,* Bagdad 1971 (arabisch).

Arrian, *Anabasis,* 3, 7, 8, 9, 10, Berlin und Stuttgart 1855–1916.

Barzani, Mas'ud, *Al-Barzani und die kurdische Befreiungsbewegung. Der erste Aufstand von Barzan (1931–1932),* Kurdistan 1986 (arabisch).

–, *Al-Barzani und die kurdische Befreiungsbewegung. Die Revolution von Barzan (1943–1945),* Kurdistan 1986 (arabisch).

Bonn, Gisela, *Aufstand der Kurden,* in: Indo-Asien, Stuttgart, 21, 1979, H. 4, S. 393–395.

Begr Mani, *Kurdistan, Heimat und Problem,* o.O. 1986 (arabisch)

Brentjes, Burchard, *Von Schanidar bis Akkad,* Leipzig, 1968.

–, *Die iranische Welt vor Mohammed,* Leipzig 1967.

–, *Land zwischen den Strömen,* Leipzig 1963.

–, *Völker am Euphrat und Tigris,* Leipzig 1981.

Butorac, Franjo, *Die iranische Revolution und die Kurden,* in: Internationale Politik, Belgrad, 31. 1980, 721, S. 22–24.

Chaliand, Gerard, *Kurdistan und die Kurden,* Wien 1984.

Die Charta der Einheit, das Kurdenproblem und die arabische Bewegung, in: Informationsbulletin, Wien 1974, Nr. 8/9, S. 56–58.

Cyrtii, in: Real-Encyclopädie der classischen Altertumswissenschaft, Stuttgart 1924.

Dehcḫan, Keyvan, *Der Awesta-Text Srōš Yašt (Yasna 57) mit Pahlavi- und Sanskritübersetzung,* R. Kitzinger, München 1982.

Deschner, Günther, *Saladins Söhne. Die Kurden – das betrogene Volk,* München/Zürich 1980.

Diodor, 14, 27–19, Berlin und Stuttgart 1855–1919.

Driver, G. R., *The name Kurd and its philological connexions,* in: Journal of the Royal Asiatic Society of Great Britain and Ireland, London 1923, S. 393.

–, *The Dispersion of the Kurd in ancient Times,* in: JRAS, London 1921.

Ebert, H. G. u. a., *Die Islamische Republik Iran,* Berlin 1987.

Eagelton, William, *The Kurdish Republic of Mahabad,* London 1963.

Finck, Wolfgang, *»Nicht länger Spielball in feindlichen Händen«, Reale Perspektiven für Irakisch-Kurdistan,* in: horizont, Berlin 1975, Nr. 25, S. 29.

Gesetz über die Autonomie der kurdischen Region vom 11. März 1974, in: horizont, Berlin 1974, Nr. 33, Beil. S. 1–3.

Ghassemlou, A. R., *Kurdistan and the Kurds,* Prag, 1965.

Günthers, W., *Das Schwert der Skythen in Südrußland,* Berlin 1928.

Haefs, H., *Kurdistan, Irak und Iran. Die Geschichte der Kurden und des Krieges der arabischen Iraker gegen die Kurden seit 1961,* in: Weltgeschehen, Villingen-Schwenningen 1975, Januar/März.

Hartmann, *»Bothan«,* in: Mitteilungen der Vorderasiatischen Gesellschaft, 1896, 1 und 1897, 1, S. 1–163.

Herodot, 1, 104, 106, Berlin und Stuttgart 1855–1917.

Herrmann, Joachim u. a., *Lexikon früherer Kulturen,* zwei Bd., Leipzig 1984.

Hollmann, Dieter, *Die Kurden für die Nationale Front gewinnen, Gespräche mit der Delegation der Nationalen Fortschrittlichen Front Iraks,* in: horizont, Berlin 1974, Nr. 18, S. 12.

Hrouda, Barthel, *Handbuch der Archäologie,* München 1971.

Hussain, F., *Die Mosul-Frage (Eine Studie zur Diplomatie Iraks, Großbritanniens und der Türkei und zur Meinung der Welt),* Bagdad 1977 (arabisch).

Indogermanische Forschungen, Z. f. indogermanische Sprach- und Altertumskunde, Strausburg 1904.

Irmscher, Johannes, *Lexikon der Antike,* Leipzig 1979.

Jan, Rypka, *Iranische Literaturgeschichte,* Leipzig 1959.

The Journal of the Royal Asiatic Society of Great Britain and Ireland, London 1921 und 1923.

Junk, Ursula, *Teheran, die Kurden-Frage und der Konflikt mit den USA,* in: Blätter für deutsche und internationale Politik, Köln, 24. 1979, H. 12, S. 1422–1425.

Kamal Fuad, *Kurdistan, Sprache und Literatur im Überblick,* in: Kultur im Migrationsprozeß, Berlin 1982.

Karim Ahmed, *Die kurdische Nationalbewegung, Der Weg zum Sieg,* in: Al-Thakafa Al-Jadida, Nr. 134, September 1981.

Klengel-Brandt, Evelyn, *Reise in das alte Babylon,* Leipzig 1971.

Kurdistan, Zeitschrift der kurdischen Studentenvereinigung in Europa, Nr. 15, 1971.

Die Lage in Irak und die Kurdenfrage, in: Informationsbulletin, Wien 1974, Nr. 6, S. 22–31.

Makas, Hugo, *Kurdische Texte und Kurdische Studien,* Amsterdam, 1979.

Marx, Karl/Friedrich Engels, *Briefe über das Kapital,* Berlin 1954.

Minorsky, V. F., *Die Kurden,* Bagdad 1986 (arabisch).
–, *Les origines des Kurdes,* Actes DUXX/E Congres.
–, *Int. Orientalistes,* Louvan 1940.
–, *Kurdistan,* in: Enzyklopädie des Islam, Bd. II, Leipzig 1927.
Mitteilungen der Vorderasiatischen Gesellschaft, Bd. I, Berlin 1896.
Nebez, Jemal, *Kurdistan und seine Revolution,* Berlin-W. 1972.
Nöldeke, *Festschrift für Heinrich Kiepert,* Berlin 1898, S. 73 f.
O'Ballance, Edgar, *The kurdish factor in the gulf war,* in: Military review, Lesvenworth/Kan. 61, 1981, Nr. 6, S. 13ff.
Olivier, *Reise durch das Türkische Reich, Ägypten und Persien, während der Jahre 1792 bis 1798,* drei Bände, Wien 1809.
Pasqualini, Dario, *Per il curdi la lotts continua,* in: Rebazioni internazionali, Mailand 41, 1977, Nr. 16, S. 362–363.
Polkehn, Klaus, *Friede im »wilden Kurdistan«,* mit Kartenskizze u. e. Abb., in: Wochenpost, Berlin 1975, Nr. 19, S. 8.
Polybios, 5, 52, Berlin und Stuttgart 1855–1911.
Prym, Eugen; Socin, Albert, *Kurdische Sammlungen,* 2 Bände, Petersburg 1887.
Rathmann, L., *Geschichte der Araber (Von den Anfängen bis zur Gegenwart),* Bd. 1 und 2, Berlin 1971.
Real-Encyclopädie der classischen Altertumswissenschaften, Stuttgart 1924.
Revue d'Assyriologie 6 (1902), S. 99.
Saarisalo, *Studia Orientalia* V, 3, Helsinki 1934.
Sandrecki, C., *Reise nach Mosul und durch Kurdistan nach Urmia,* Stuttgart 1857.
Schachmeyer, Fritz, *Indogermanen und Orient,* Stuttgart 1944.
Scheitler, Peter, *Wovon ein Karl May keine Ahnung hatte. Am 11. März jährt sich zum vierten Male die Verkündung des Kurden-Manifestes in der Republik Irak,* in: Junge Welt, Berlin, 1974, Nr. 61 vom 12. 3. 1974, S. 6.
Schmarow, Vladimir, *Dialog in Bagdad,* in: Neue Zeit, Moskau 1974, Nr. 5, S. 10–11.
Schnitzler, Karl-Eduard von, *Die Kurden in Irak,* in: horizont, Berlin 1974, Nr. 23, S. 6.
Schoth, Otto, *Neue Gesetze sichern die Rechte der Kurden in Irak,* in: Neues Deutschland, Berlin, Nr. 294 vom 24. 10. 1974, S. 6.
Schukow, I. M., *Weltgeschichte in 10 Bänden,* Bd. I und II, Berlin 1961.
Shawais, Jawhar, *Zur Entwicklung der kurdischen Natinalbewegung (1958–1975),* Dissertationsschrift, Institut Afrika- und Nahostwissenschaften, Leipzig 1981.
Strabon, 16, 1, 24, Berlin und Stuttgart 1855–1917.

Tahlebani, Jelal, *Kurdistan und die Kurdische Nationale Bewegung,* Bagdad 1970 (arabisch).
Taraf, Zahra, *Der Awesta-Text Niyāyiš mit Pahlavi- und Sanskritübersetzung,* R. Kitzinger, München 1981.
Vaney, J. C. etc., *Ou en est le Kurdistan?,* in: Afrique et Asie, Paris 1975, Nr. 107, S. 55–63.
Vincent, Jean, *La defaite des kurdes,* in: Esprit. N. S. Paris 43, 1975. Nr. 5, S. 848–861.
Wagner, M., *Reise nach Persien und dem Lande der Kurden,* Tübingen 1882.
Wendt, Peter, *Wandlungen in der kurdischen Region,* in: Neues Deutschland, Berlin, Nr. 262 v. 5./6. 11. 1977, S. 11.
Werner, E./Markow, W., *Geschichte der Türken. Von den Anfängen bis zur Gegenwart,* Berlin 1979.
Xenophon, *Anabasis,* 1. Buch, 1. Kapitel, 1; 3. Buch, 5. Kapitel, 15–18; 4. Buch, 1. Kapitel, 4–10; 4. Buch, 2. Kapitel, 28; Berlin und Stuttgart 1855–1914.
Zaki, Muhammed Amin, *Geschichte der Kurden und Kurdistans von den Anfängen bis zur Gegenwart,* Bagdad 1961 (arabisch).
Zikmund/Hanzelka, *Kurdistan. Land der Aufstände,* Prag 1962
Zinniker/Badertscher, *Tagebuch aus Kurdistan,* Čoban 1979.

Orts- und Sachregister

Abbas (Schah) 107
Abbasiden 85 ff., 95
Abd el-Kerim Kassem 131 f.
Abkommen von Dahau 107
Abu Musa 83
Abu Muslim 86
Achämeniden 74
Adila Han 42
Afghanistan 22, 105, 125
Ägypten (Ägypter, ägyptisch) 47, 67, 84, 96
Aischa (Witwe Mohammeds) 84
Ahmad, Fake 147
–, Ibrahim 156, 158
Ahvas 81
Alexander III. (der Große) 11, 49, 67, 69 f., 72, 74, 79
Alexandria 67
Ali (Vetter Mohammeds) 84
Altes Testament 59
Amadia 106
Ammon 67
Antiochia 93
Arabien (Araber, arabisch) 79 f., 85, 87, 89, 94
Arabistan 128
Arbil 95
Ardalan 147
Aristoteles 67
Armenien 22, 66, 73, 85
Artaxerxes 62 f.
Aserbaidschan 22, 57, 85
Assur 48
Assyrien 46 ff., 55, 57, 59 f.
Atatürk, Kemal 124
Awesta 76 f., 79, 83

Baath-Partei 30, 132
Baban 147
Babel (Turmbau zu) 49
Babylon (Babylonisches Reich) 45, 47 f., 59 f., 63, 66 f., 69 f., 73
Badir-Khan Pascha 144, 147
Bagdad 81, 90, 95, 99, 103, 131, 156, 159
Bahar 91, 95
Bahdinan 56
Barb, H. A. 46
Barsani (General) 131 f., 135
–, Ahmed al 24
–, Mustafa Mulla 13
Basilius II. 88
Basra 83
Banu 'Annat 91
Bitlis 54, 103, 139 f.
Bothan 147, 150
Brentjes, Burchard 56
Byzanz 85, 88

Chaldäer 48
Charidjiten 84 f.
Chéref Khan 13, 51, 135, 143
Chéref Name 13, 51, 139 ff., 143
China 22
Chorasan 85
Chorestan 86
Cegerxwin 135, 158, 162
CENTO-Pakt 127 f., 132

Dahhak, Ahmed al- 88
Dahau s. Abkommen von
Damaskus 67, 94
Darabjird 81
Dareios I. 59, 62, 79
–, III. 69, 72
Dersim 121, 125
Deutschland 108, 155
–, BRD 22, 141, 159 f.
Dhofar 128
Diodor 45, 70

Diwan 84
Diyarbakir 28, 32, 87, 99, 101
Djasad 51
Djuzkan 91
Dschingis-Chan 95
Dshawanru 24

Einstein, Albert 25
Ejub (Vater des Saladin) 94
Ekbatana 67
Elamäer 55
England 108, 110, 121–125, 129
Erzerum 112
Eregli 30

Fars 84 f.
Fasa 81
Feridun 105
Firdausi („Schah-Name") 13 f., 30
Frankreich (französisch) 108, 110, 121 f., 124, 141
Friedrich II. (Kaiser) 94
„Fruchtbarer Halbmond" 80

Gaugamela 69
Ghasnawiden 89
Ghasi Muhammad 130 f.
Gihad 80 f.
Gilali-Kurden 89
„Gilgamesch-Epos" 47, 49
Gordion 67
Goethe, J. Wolfgang von 153
Graue Wölfe 19, 50
Griechenland (griechisch) 64 ff., 70
Großbritannien s. England
Güney, Yilmaz 135, 142, 158–162
–, Fatos 161 f.
Gutäer (Guti) 47, 54 f., 60
Gutium s. Kar-da

Hakim 103
Hamadan 95 f.
Hama Sur 41
Hamilton-Straße 26 f.
Hammurapi 24, 47
Harari, Ali 147
Hartmann, Martin 148
Hassanwai 87
Hatra 80
Heiliger Krieg s. Gihad
Hellespont 67, 69
Herodot 45, 48 f., 56 f.
Hesen, Sêhmus. Cegerxwin
Hulagu 95 f.
Hulawan 81
Husain (Schah) 105
Hussein von Jordanien 128

Ilkhane 96
Indien 22, 69, 73
Institute Kurde 142, 158, 161
Indus 69
Irak 15, 17, 20, 29, 107, 112, 122, 125, 130, 132, 156
Iran 15, 17, 29, 74, 84, 107, 112, 121, 125, 130, 156
Iran-Irak-Krieg 30, 133 ff., 141
Isfahan 57
Islam 32, 79, 80, 83, 86, 89, 98
Ismail I. 102
Istanbul 123

Jemen 128
Jerusalem 94
Jesidische Lehre 32
Jesidi 79
Jezirat-ibn-Umar 59
Jordanien 108

Kanaan 59
Kanánieden 50

Karabük 30
Kar-da 54
Karduchen 59, 62 ff., 69 f., 72–76, 79, 101
Kasachstan 22
Kawe der Schmied 13 ff., 32, 48, 50, 59, 135
Kemal, Mustafa 111, 122
Kendal (Dichter) 20
Khani, Ehmede 13, 134, 143 f., 147, 152 f.
Khoybun 112
Khuam al Saltana 130
Kilikien 122
Kirgisien 22
Kirkuk 43
Koran 84, 90
Koyi, Hadji Kadiri 153
Krylow (Dichter) 21
Ktesiphon 81
Kufa 84
Kurd (Scheich) 50
Kurdi (Dichter) 147
Kurdistan
–, Ararat 59
–, Irakisch 41, 63, 79
–, Iranisch 20, 22, 29, 130
–, Türkisch 18, 21 f., 29 f.
Kyaxares 56 f., 59
Kyros II. 12, 59, 62 f.

Lausanne s. Vertrag von
Layard, Henry 24
Le Coq, Albert von 148
Lessing, Gotthold E. 21
Libanon 22, 108
Libyen 59
Livius 70
Lugalzaggesi 47
Luschan 50

Madyes (König) 56
Mahabad (Demokratische Republik von) 101, 130 f., 135, 154
Mahmud Al Hafid 129
Makedonien 67
Mala-i Djasiri 147
Malak Ahmed Pasha 106
Malik Khalil 103
Mameluken 96, 98 f.
Mani (Mänichäismus) 78
Mann, Oskar 148
Maragha 95
Mard bin Sasa bin Harb bin Hawazin 50
Mardin 101
Marwäniden 87
Mawali 85
May, Karl 11, 24, 27, 30 ff., 41, 135, 148
Meder (Medien) 14, 48 f., 56 f., 59 f., 63, 67, 69, 73, 75
Medina 80, 84, 86, 93
Mekka 80, 86
Mesopotamien 45, 47, 73 f., 108
Mittlerer Osten 22, 107, 124, 134
Mizuri 106
Mohammed 80, 83, 86, 89 f., 93
Moltke, Graf H. von 18 f.
Mongolisches Reich 98
Mosul 32, 80 f., 91, 93, 103, 106, 108, 110, 121 ff., 125, 156
Mu'awiya ibn Abi Sufyan 83 f.
Mudar bin Nizár 50
Muhammed IV. 106
Murad IV. 106 f.

Naher Osten 22, 124
Nali (Dichter) 147
Nariman, Mustafa 155
Nebukadnezar II. 45, 48 f.
Newroz (Nationalfeiertag) 14, 32

Nezan, Kendal 142
Nietzsche, Friedrich 76
Ninive 14, 24, 48, 55, 59, 63

Omajjaden 83–86
Omar (Kalif) 80 f., 83
Opec 128
Orient s. Mittlerer und Naher Osten
Osman I. 102
Osmanisches Reich 11, 101, 103, 105, 108, 110, 121, 124, 136, 139, 141
Othman 83 f.

Palästina 67, 93 f.
Pandschab 69
Paresan, Mala 147
Parther 72 ff., 79
Parysatis 62
Persepolis 67
Persien (Perser, persisch) 67, 69 f., 74, 81, 101, 112, 139, 141
Perwer, Shivan 157 ff., 162
Pesh Merga (Partisanenarmee) 25, 30, 42, 52, 131 ff.
Philipp II. 67
Phönikien 67
Picot s. Sykes-Picot-Abkommen
Pisider 62 f.
Prym, Eugen 150, 152

Qardu (Qardawaye) 59

Rabia bi Maad 50
Ray 95
Reza Pahlewi 112, 127 f., 133, 156
Römisches Reich (Römer) 70, 73 f., 149
Rußland (zaristisches) 108, 150

Saad-Abad-Pakt 125
Sabur 85
Sadat, Anwar al- 128
Saddam Hussein 128
Said (Scheich) 13, 111 f.
Saladin (Sultan) 13, 94 f., 98, 135
Salah ad-Din Yusuf ibn Ayyub s. Saladin
Salim (Dichter) 147
Salomon 51
Samarra 81
Sanandadj 147
Sargon I. 54
Sassaniden 74 ff., 78 f., 83
Scheich Mahmud 129, 134
Scherif Pascha 110
Schiiten 84 f., 90, 105
Seldschük (Seldschuken) 89 ff., 93
Seleukiden 73 f.
Selim 102 f.
Semiramis 45
Sèvres s. Vertrag von
Shaddadijen 87
Sharaf al-Din 99
Sharizur s. Suleimania
Skythen 11, 45, 50, 56 ff., 60, 75
Socin, Albert 150 ff.
Sohak 48, 50
Soran-Kurden 103
Sowjetunion 22, 29, 131
Sykes-Picot-Abkommen 107 f., 110, 121, 123, 134
Stalin, Jossif 130, 134
Strabon 70
Suleikia 81
Suleimania 55, 81, 96, 101, 128 f., 147
Sumer (Sumerer) 47, 54, 60
Sunna 90
Sunniten 105
Susa 67

Syrien 15, 17, 20, 22, 56, 59, 83, 96, 107 f., 112

Täbris 95
Tahmasp II. 105
Takrit 81
Tänze
-, Halparkee 41
-, Raschbalak 41
Tayram, Fake 147
Teheran 32, 57
Theben 48
Tiglatpileser 55
Timur Läng 99, 101
Tschaldyran 101 ff., 107, 134
Türkei (türkisch) 17 ff., 88 f., 107, 110 ff., 121 f., 124 f., 130, 147, 156
-, Iran-Vertrag 125 ff.
Turkmenien 22, 89
Tuz 135, 162

UdSSR s. Rußland u. Sowjetunion

Union irakischer Schriftsteller 128
Ur 59
Urban II. 93
Urfa 87
Urima-See 47, 49, 95 f., 102
Usbekistan 69

Van-See 47, 54, 87, 103, 105 f., 111, 121
Vertrag von Lausanne 110 f., 121 ff.
Vertrag von Sèvres 110, 122
Völkerbund 110

Weihrauchstraße 80
Wilson (Colonel) 129
-, Woodrow 108, 110, 134

Xenophon („Anabasis") 62–66, 70, 79, 101

Zarathustra 76
Zoroastrismus 83

Ebenfalls im Umschau Verlag erschienen:

Die Weihrauchstraße
Handelswege im alten Orient.
Von Heinrich L. Kaster.
280 Seiten, zahlreiche Abbildungen in Farbe und Schwarz-weiß.

Eine hervorragend lesbare Geschichte der frühen Hochkulturen. Eine lebendige Darstellung vom Neolithikum bis in die spätrömische Zeit.